KB271621

야구가
좋다

야구가 좋다

지은이 배우근
펴낸이 안용백
펴낸곳 (주)넥서스

초판 1쇄 발행 2014년 4월 10일
초판 2쇄 발행 2014년 4월 15일

출판신고 1992년 4월 3일 제311-2002-2호
121-893 서울특별시 마포구 양화로 8길 24
Tel (02)330-5500 Fax (02)330-5555

ISBN 978-89-6790-831-7   13690

www.nexusbook.com
넥서스BOOKS는 (주)넥서스의 실용 브랜드입니다.

야구가 좋다

배우근 지음

옥상 위 투수, 야구를 말하다

이 책은
건물 옥상에서 공을 던지던 아마추어 투수가
사회인 야구 마운드를 거쳐 프로야구를 취재하게 되는
일종의 야구 성장기이다.

나는 옥상과 사회인 야구 그리고 프로야구까지 각기 다른 3가지 단계에서 야구를 접하며 그 재미에 빠져들었다. 주먹만 한 하얀 공이 전하는 즐거움은 상상 이상이었다. 어릴 적 TV로 보았던 야구는 옥상에서 공을 던지며 몸의 기쁨으로 확장되었고 사회인 리그에서는 나를 노려보는 타자들을 삼진으로 잡으며 큰 기쁨을 느꼈다. 기자로서는 프로야구 감독과 선수들을 취재하면서 본격적으로 야구에 대해 공부하고 깨우치게 되었다. 매 단계마다 주먹만 한 야구공은 가슴속에서 심장이 되어 나를 들뜨게 했고 즐거움의 색깔은 다채로웠다.

변화는 꿈을 꾸는 것에서 시작한다. 목표의식이 뚜렷하지 않았고 구체적인 그림을 그리지는 않았다. 그냥 좋아하는 것을 하고 싶었고 한도 내에서 그것을 선택했다. 오히려 명확한 목표가 있었다면 나는 지금의 내가 아닐 수도 있다. 그렇다고 스스로를 제한하지는 않았다. 무엇을 하고 무엇이 되고 싶다는 욕심은 없었지만, 이것도 되고 저것도 될 것 같다는 막연한 희망은 언제나 마음속에 살아 있었다. 꿈에 한계를 두지 않았다.

'간절히 원하면 이루어진다.'라는 말이 있다. 목표를 향해 꾸준히 노력하면 결국 그곳에 도달하게 된다는 것이다. 몇 년 전 옥상에서 재미 삼아 캐치볼을 할 때만 해도 야구기자가 되어 프로야구선수를 취재할 것이라 생각하지 못했다.

하지만 마음은 나도 모르게 꿈을 향해 자라났다. 나는 야구를 통해 소망은 그 목표가 선명하지 않아도 이루어질 수 있다는 것을 알게 되었다. 그라운드의 가장 높은 곳인 마운드와 야구기자에 대한 막연한 동경심은 분명 있었지만, 마음이 그곳을 향해 발끝을 돌리는 순간부터 그 변화가 이미 시작되었다는 것을 그때는 미처 알지 못했다. 자기도 모르는 변화의 시작은 꿈으로 향하는 계단이다.

우리의 삶 자체가 그리 호락호락하지 않고 빡빡하기에 더 그렇다. 야구는 그 방편 중 대표주자라 할 수 있다. 나는 휴일이면 사회인 야구 리그에서 구슬땀을 흘리고, 일하는 날에는 눈앞에서 정점에 오른 야구 실력자들의 호흡을 느끼며 그들의 몸짓을 기사로 전하고 있다.

그 일련의 과정을 글로 쓰게 된 건, 여유 없이 돌아가는 기자 생활에서도 늘 땡땡이를 꿈꾸는 '데스페라도'의 기질과 힘들수록 낙천적이 되는 '케세라세라'의 성향이 한몫했다. 길지 않은 야구기자 이력에 아랑곳하지 않고 야구 이야기를 쓸 수 있는 스스로의 뻔뻔함에도 박수를 보낸다.

휴일마다 사회인 야구 마운드를 향해 달려간
철없는 옥상 위의 투수와 동행해 준 아내 이주화 씨,
딸 예린이에게 고마운 마음을 전한다.
또한 이 책의 초고를 단박에 알아봐 준
넥서스 관계자 분들께 감사드린다.

contents

2루 야구 초보에서 야구기자로

3루 야구 쓰는 동네 에이스

내일의 희망이 자란다

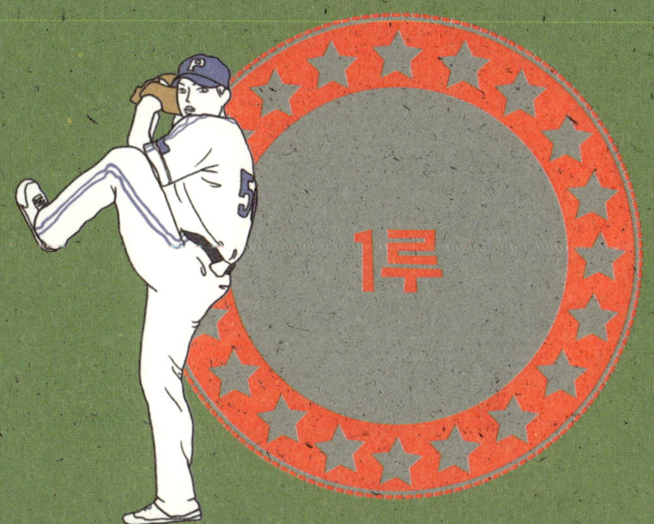

옥상 위의 투수

다이아몬드 오른쪽 한 귀퉁이, 하얀색 1루 베이스, 홈으로 돌아오기 위한 첫 번째 발자국이
찍히는 곳. 타석에서 살아 나가야 한다는 부담감을 떨쳐 내고 밟아야 하는 곳이다. 발끝으
로 느껴지는 베이스의 감촉은 투수의 긴장감을 감당할 만큼 단단하다. 더 전진해야 한다는
중압감에 가슴은 쿵쾅거리지만, 미래를 향한 긴장감은 희망이다. 홈으로 향하는 길에 행운
이 함께하길 기대한다. 자, 이제 시작이다.

야구선수의 마음속에는 소년이 살고 있어야 한다.
로이 캄파넬라(1921~1993)
메이저리그 최초의 흑인 포수로 명예의 전당에 헌액

하늘 아래 행복한 옥상 위의 그들

20층 빌딩 꼭대기. 북쪽으로는 경복궁과 인왕산이 보이고 남쪽으로는 남산이 보이는 그곳. 빌딩 아래 세종로에서는 차들이 씽씽 달리는 도심 한복판. 바로 그곳에 옥상 위의 투수들이 있다.

흡연자들을 위해 옥상이 개방되었지만, 이곳까지 올라와 담배를 피우는 사람은 많지 않다. 한적한 이곳에서 푸른 하늘로 퍼지는 것은 담배 연기가 아닌 경쾌한 파열음, 야구공이 글러브에 팡팡 꽂히는 소리이다.

옥상 담벼락의 높이는 제구가 안 된 공을 받아 줄 만큼 충분히 높고 투수와 포수 사이의 거리도 널찍하다. 덕분에 캐치볼 수준이 아닌 마운드의 투수처럼 전력투구가 가능하다. 그렇다고 타격을 할 정도까지는 아니다. 다른 빌딩으로 타구를 날릴 수는 없으니까.

나는 옥상 위의 에이스 투수이다. 사실 야구에 대해서는 잘 모른다. 그냥 던지고 치며 공놀이하는 정도이다. 이 옥상에서 복잡한 규칙은 필요 없다. 그저 파란 하늘 아래에서 동료들과 공을 주고받는 게 즐거울 뿐.

힘껏 캐치볼을 마친 후 하늘과 맞닿은 옥상에서 찰칵! 이들의 달뜬 표정과
일련의 히스토리를 말해주는 글러브는 한 세트이다.

이곳은 일상의 고단함을 날려 버리는 우리들만의 리그이다. 우리가 가진 글러브는 대형 할인마트에서 구입한 1만 원짜리 싸구려이다. 비닐로 된 글러브라서 캐치볼을 한 뒤 찢어진 부분을 테이프로 붙이는 게 '일상다반사'이지만, 옥상 위 투수들은 공을 던지는 순간 행복하다.

행복의 조건은 부족함에 있다
조금은 부족한 재산과 외모, 경쟁에서 이기고 지기를 반복하는 조금
은 모자란 능력. 우리는 살면서 늘 부족함에 허덕이고 불편함에 힘
겨워 한다. 그러나 행복의 비결은 생활의 안락함이 아닌 불편함에서
찾을 수 있다. 우리는 옥상 위의 투수이다.

투구는
중력과의 밀당

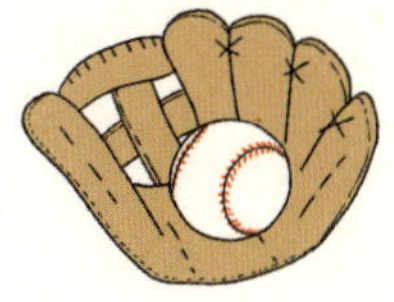

　단순한 공놀이의 즐거움은 중력과의 밀고 당기기. 투수의 구위(공의 세기와 위력)와 구질(직구, 커브 등 공의 구종)은 기본적으로 중력을 밀고 당긴 결과이다. 모든 물질은 지구의 중심으로 향한다. 야구공도 마찬가지이다. 여기에 야구공은 공기와의 마찰을 통해 좌우 방향성을 더한다.

　우리는 투수가 스트라이크를 던지지 못하면 새가슴이라고 놀린다. 결정구가 필요한 시점에서 스트라이크를 던지지 못하는 투수는 존재의 의미가 없다.

　그러나 재능은 반복과 연마를 통해 성장한다. 옥상 위의 우리는 던지고 또 던지는 과정에서 오른팔의 운동신경과 근력이 조금씩 커 가는 것을 깨달았다. 자신의 손을 떠난 공이 원하는 곳에 꽂히는 즐거움을 느끼며 야구라는 것에 조금씩 익숙해졌다.

　재미있는 사실 하나! 중력의 발생 이유는 아직 과학적으로 판명되지 않았다. 우리는 이용은 하지만 창조는 하지 못하는 존재이다. 핵의 발견으로 가공할 에너지를 생산하고 로봇에게 험한 일도 척척 시키지만, 죽은 파리 한 마리를 되살리지는 못한다. 오늘도 옥상에서 발견한 중력, 잘 사용했다. 감사.

113
103

1. 땡땡이 캐치볼

다른 사람들이 담배를 피우는 시간에 짬짬이 공을 던진다. 그러나 업무 시간에 올라와 땡땡이(?)를 친 적도 많다. 한 번 빠지면 헤어 나오지 못하는 '공 던지기'의 매력. 변명하자면 수험생이 책상에만 앉아 있다고 성적이 오르지 않는 것과 같다고나 할까. 가끔 맑은 공기를 마시고 운동도 해 줘야 능률이 오른다.

2. '옥상 위의 투수' 방송 요청

블로그에 우리의 활약상(?)을 몇 차례 올렸는데, 그게 화제가 되면서 꽤 높은 조회수를 기록했다. 그것을 보고 모 방송사에서 연락을 해 왔다. 방송을 탈 생각에 잠시 흥분했다. 그러나 정중히 거절했다. 언제까지 옥상에서 공을 던질 수 있는 것도 아니고, 그리 권장할 만한 모양새도 아니었기 때문이다. 우린 그저 공을 던질 곳이 없어 옥상을 선택한 것뿐이었다.

3. 술자리 에이스가 마운드 에이스로

누구나 야구를 좋아하는 것은 아니다. 술자리에서는 술잔을 꺾는 손목 운동의 달인이었지만 운동에는 전혀 관심이 없는 후배가 있었다. 배터리가 작동하려면 플러스(+)와 마이너스(-)가 함께 있어야 하는 것처럼 투수에게 공을 주고받을 포수는 없어서는 안 되는 존재이다. 옥상에 그 후배를 끌고 올라갔다. 처음에는 입을 내밀고 툴툴거렸지만, 지금은 그 후배 역시 마운드의 에이스가 되었다.

4. 떨어지는 야구공에는 날개가 없다

지상 20층 높이의 옥상에서 공이 떨어지면 어떻게 될까. 고백하건데 딱 한 번 옥상에서 던진 공이 지상으로 떨어진 적이 있다. 옥상 바닥의 구조물에 맞아 바깥으로 튕겨 나간 것이다. 다행히 공은 사람이 다니지 않는 건물 주변 잔디밭에 떨어졌다. 그 순간, 얼마나 아찔했는지 모른다. 그 일은 집중력과 제구력을 더욱 가다듬게 만든 계기도 되었지만, 슬슬 무대를 바꿀 때가 왔다는 신호처럼 느껴졌다.

 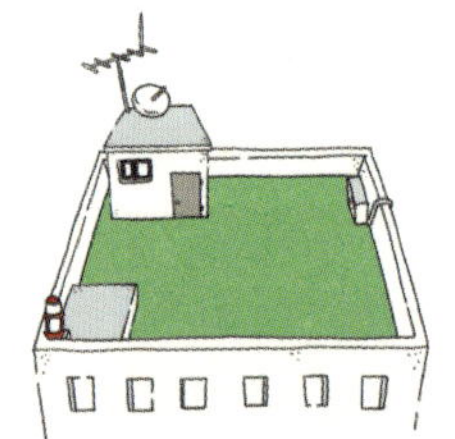

쓸쓸히 퇴장한 아파트 캐치볼의 추억

쉬는 날에는 아파트 단지 내 테니스 코트에서 공을 던졌다. 아내에게 공을 던지는 방법을 알려 주고 근처에 사는 동료를 불러내 캐치볼을 했다. 우리가 그곳에서 공을 던지는 것을 보고 동네 아이들도 몰려와 옆에서 캐치볼을 하고 방망이를 휘둘렀다. 하지만 얼마 안 가 테니스 코트 벽에 '야구 금지' 경고장(?)이 큼지막하게 붙었고, 우리가 나타나면 경비원이 득달같이 등장했다. 소리가 심상치 않게 울리니 주민들이 민원을 제기한 것이다. 이렇게 빨리 쫓겨나다니……. 각진 도시는 야구에 쌀쌀맞았다.

카메라 앞에서 잔뜩 폼을 잡던 선배에게 말했다.
"빨리 던져요, 카메라 의식하지 말고!"
그러자 MLB 특파원 출신의 그는 새로운 투구폼으로 마구를 던졌다.

옥상에서
사회인 야구로

드디어 흙바닥에서 공을 던지게 되었다.

뜨거운 사회인 야구의 붐을 타고 회사에서도 사회인 야구 동호회가 결성되었다. 우리는 리그에도 가입하며 승부의 세계로 뛰어들었다. 나와 같은, 아니 나보다 뛰어난 야구인들과의 한판 승부! 옥상 위에서 갈고닦은 실력을 보여 줄 시기가 도래했다.

리그에 들어가기 전 우리는 조금이나마 실력을 키우기 위해 한강둔치에서 고만고만한 팀과 친선 경기를 치렀다. 심판 없이 치러진 경기였지만, 많은 실수를 거듭하며 '야구를 한다'라는 것의 감을 잡아 나갔다.

가장 초보 단계인 스트라이크낫아웃에서는 1루를 향해 뛰어야 하는 것과 2사에서는 땅볼이든 뜬공이든 주자가 무조건 뛰어야 한다는 것을 몸으로 익혔다. 처음에는 그것도 몰라 멍 때리다가 허무하게 아웃되었다. 조금 더 높은 단계인 안타가 나왔을 때 수비 진형의 움직임 등도 야구 서적의 설명처럼 실천해 봤다. 하지만 플레이를 직접 하려고 하니 우왕좌왕 그 자체였다.

승리하면 배울 수 있다.
그러나 패배하면 모든 것을 배울 수 있다.
크리스티 매튜슨(1880~1925)
뉴욕 양키스. 1906 월드시리즈에 3번 등판해 3번 모두 완봉승.
MLB 최초의 슈퍼스타

그러나 이왕 시작한 것, 멈추지 않았다. 야구 실내 연습장에 가서 프로선수 출신 코치들의 지도를 받았다. 추억의 선수들을 그곳에서 보게 되다니! 얼마나 영광스러웠는지 모른다. 하지만 가슴 한편이 짠했다. 한때 프로야구를 호령했던 그들이 좁은 실내 연습장에서 야구 걸음마를 떼는 초보들을 지도하는 모습이라니…….

우리는 그곳에서 스트레칭을 시작으로 평고(수비 연습용 타구)를 받으며 내야 수비와 타격폼 등을 단계별로 배웠다. 나중에는 입에서 단내가 날 정도였다. 다리가 후들거려 제대로 움직이지 않았다. 아니, 정확히 말하면 저질 체력으로 움직이지 못한 게 맞겠지. 특히 20개의 평고를 받는데 그중 하나라도 놓치면 처음부터 다시 시작하는 수비 연습에서 '몸 따로 마음 따로' 수준을 넘어 '유체이탈'을 경험하며 혼쭐이 나기도 했다.

드디어 리그를 신청할 때가 되었다. 가장 낮은 단계인 루키 리그를 선택했다. 리그마다 다르긴 했지만, 가입비는 2014년 서울 기준으로 대략 300만 원 전후였다. 같은 조에 속한 10여 개 팀이 번갈아 가며 시합을 했고 상위 3~4개 팀이 플레이오프를 거쳐 우승팀을 가렸다.

패배, 그 일상다반사

 첫 해에 우리 팀 SS(스포츠서울) 파이터스의 성적은 꼴찌였다. 무승전패(無勝全敗). 단 1승도 거두지 못했다. 단지 상대가 잘해서 그런 것이 아니라 우리가 못해도 너무 못했다. 1승이 이렇게 힘들다니. 수비가 가장 큰 문제였다. 옥상 위의 에이스였던 나는 빠르진 않아도 스트라이크 존에 공을 집어넣는 능력은 있었다. 하지만 수비가 안 되니 상대편의 방망이에 공이 닿기만 해도 안타가 되었다. 기록은 수비수 실책! 이런 상황이 반복되다 보니 우리 스스로 무너지기 일쑤였다. 이닝을 더할수록 벌어지는 점수 차는 감당하기에 벅찼다.

 그러나 다음해에 우리는 반전 드라마의 주인공이 되었다. 플레이오프에 당당하게 진출한 것이다. 투수들은 꾸준히 하체운동을 해 구위를 끌어올렸고 튜빙(특수 고무줄을 당겨 근육을 단련하는 운동기구 혹은 훈련)으로 어깨 근력을 강화했다. 그동안 본 것은 있어서 남들이 하는 것은 모두 다 했다. 노력은 마운드의 투수들을 배반하지 않았다. 야수들 역시 경험이 쌓이며 타구에 대한 두려움이 많이 줄었다. 내야수는 공을 피하지 않고 몸으로 막아 내는 투혼을 보였다. 외야수는 차근차근 만세 횟수를 줄여 나갔다. 그중에서도 치고 때리는 방망이 실력이 가장 크게 성장했다. 모두의 가슴속에 차 있었던 울분과 끊임없는 노력이 팀 순위를 끌어올렸다.

SS의 수비는 있느나 없느나 매한가지인 구멍 그 자체..중계와 백업 플레이는 유명 무실. 내야의 알까기와 외야의 독립 만세는, 경쟁하듯 번갈아가며 큰 웃음 주는 몸 개그의 향연 타석의 타자도 마찬가지.
논 두렁의 허수아비롤 아니면 추풍 낙엽 신세...
후훗

스나이퍼스는 알고 보니 딱 4번만 패배한 이후, 큰 깨달음을 얻어, 내리 연승 가도를 달리는 팀!
ㅋㅋㅋ SS파이터스 별거 아니네
완 때 때 때 함때
두둥~

그에 반해 SS파이터스는..
수비, 타격 등 총체적 난국이군...
후~~~
수건 던져야 겠네...

6회, 20-4의 핸드볼 스코어 경기 종료.
하~
졌다

한편, 경기를 참관한 VIP들의 반응은,,,
원준이 아빠 핸드볼 선수였어? 20대 4가 뭥미?
헐

주환아 너의 아빠는 진정한 애국자이셨당 만세를 얼마나 부르던지...
가자
밥이나 먹자

오늘 식사 메뉴는
죽
난 치...면..
뭐 먹을까?
ㅋㅋㅋ
난 아무거나
시합을 죽 쒔으니..
SS특수 요원 김자영

어쟀든 경기는 끝났으니..
밥이나 먹으로 갑시다
웅성 웅성

다자와 준이치, 사회인 야구선수에서 메이저리거로
(극과 극, 한미일 사회인 리그의 수준)

국내 사회인 야구는 프로야구의 인기와 함께 성장했다. 여기에 월드베이스볼클래식(WBC)과 2008년 베이징올림픽 금메달은 폭발적 증가의 원동력이 되었다. 2014년 기준으로 사회인 리그 팀과 리그에서 활동하지 않는 비공식 팀까지 더하면 약 2만여 팀이 야구를 즐기는 것으로 알려져 있다. 사회인 야구 리그는 보통 18세 이상의 성인 남성으로 구성되며 같은 직장과 동네, 학교와 연결되어 팀을 구성한다. 리그는 1부에서 3부로 나뉘는데 1부 리그에는 선수 출신도 꽤 있다. 3부에서도 선수 출신이 뛸 수 있는데, 기량 차이를 감안해 투수와 포수로는 뛸 수 없게 되어 있다. 나이 40세 이상이 되면 허용하기도 한다. 야구장 등 인프라 시설이 좋은 미국과 일본은 사회인 야구가 국내보다 훨씬 활성화되어 있다. 미국은 야구 문화 자체가 생활 속에 깊숙하게 자리 잡고 있다. 방대한 지역에 수많은 야구 동호회가 존재한다. 이중 실력자들은 트라이아웃을 통해 마이너리그에 노크하기도 한다.

일본 사회인 야구의 수준은 상당히 높다. 사회인 야구를 하다 프로에 진출하는 경우도 간혹 있다. 대표적인 선수가 2013시즌 보스턴의 월드시리즈 우승에 일조한 다자와 준이치이다. 그는 갑자원 등판 경험과 프로 경험이 전무한 고교야구 선수 출신이다. 또한 일본의 사회인 야구팀이 지난 2006년 도하 아시안게임에서 프로선수로 구성된 한국 대표팀에 승리한 사례도 있다.

돌멩이 같은
백구의 마술

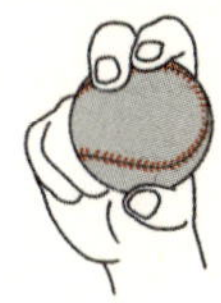

　야구공은 축구나 배구, 농구공에 비해 작고 하얗다. 그리고 단단하다. 그런데 그 작은 공이 요술을 부린다. 직구를 습득하고 변화구에 맛을 들이며 더욱더 재미를 느꼈다. 오른손 중지에 야구공의 실밥을 걸고 손목을 꺾으면 궤적이 곡선을 그린다. 밋밋한 직구가 맞아 나가면서 나는 변화구에 공을 더 들였다. 조금 더 빠르고 날카롭게 궤적을 만들어 나갔다. 커브와 슬라이더를 주로 연습했는데 그 과정에서 나는 작은 차이가 움직임의 변화를 만든다는 것을 깨달았다.

　슬러브와 커트도 시도했다. 그런데 맞은편에서 공을 받던 10년지기 배터리(battery, 투수와 한 조를 이루는 포수)가 피식 웃는다. 그 공이 그 공이라는 반응이다. 그러나 그도 종종 내가 던지는 변화구에 움찔하는 표정을 지었다. 그 표정을 볼 때의 쾌감이란! 옥상 위의 투수가 던지는 변화구 종류는 무려 5가지(?)이다. 그러나 그립(공을 손으로 잡는 방식)만 다르지 떨어지는 공 끝이 비슷하다는 핀잔은 여전하다.

　시작은 어설펐다. 초창기에 옥상에서 공을 던질 때만 해도 변화구는 낯설었다. 구질별로 그립을 잡아 던졌지만, 인터넷에서 본 것처럼 꺾이지 않았다. 가장 먼저 익힌다는 커브를 던지는 데 1년 이상이 걸렸다. 그립뿐 아니라 손목을 사용하는 방법도 잘 몰랐다. 옥상에서는 직구와 다른 방향으로 손목을 움직여야 한다는 것을 그 누구도 알려주지 않았다. 아니, 알려 줄 사람도 없었다.

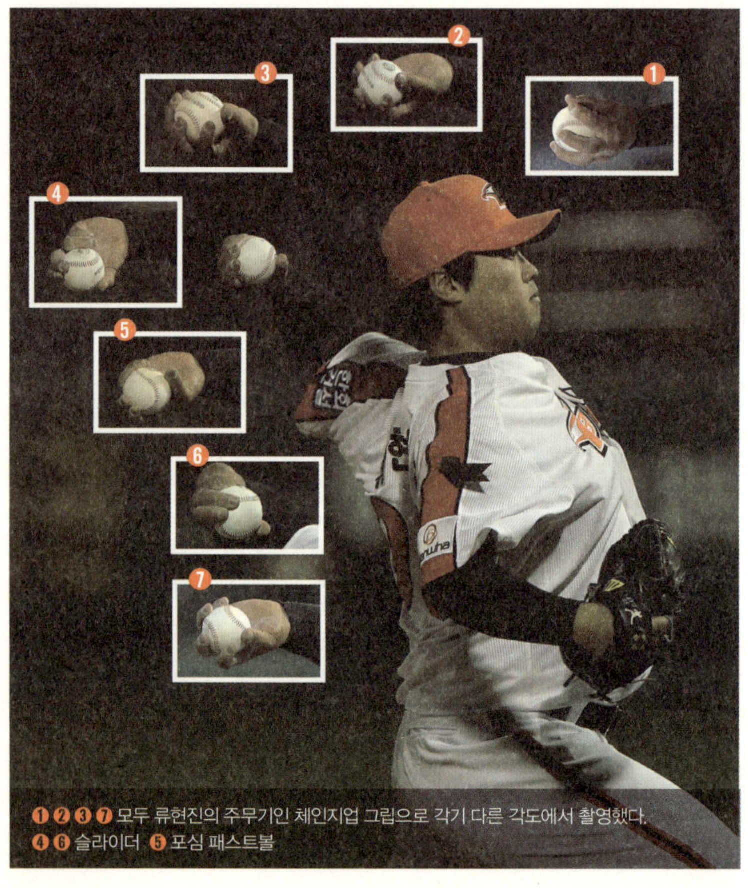

❶❷❸❼ 모두 류현진의 주무기인 체인지업 그립으로 각기 다른 각도에서 촬영했다.
❹❻ 슬라이더 ❺ 포심 패스트볼

❶❷❸ 체인지업이다. 류현진과 다른 점은 같은 체인지업이라도 실밥을 잡는 위치가 각기 다르다는 것이다. 그립이 같아도 잡는 위치가 다르면 공의 궤적은 변한다.
❹ 너클 커브 ❺ 포심 패스트볼 ❻ 슬라이더

미국으로 진출한 괴물 류현진

묵직한 직구에 명품 체인지업을 주무기로 삼았지만, 그 외에 슬라이더, 커브도 우수하다. 메이저리그에서는 체인지업과 반대쪽으로 떨어지는 커브를 더 갈고닦아 빅리거 타자들을 압도하고 있다. 큰 덩치에 어울리지 않는 부드러운 투구폼은 그의 미래를 더욱 오래 빛나게 할 것이다.

다양한 구종을 선보이는 윤석민

다양한 구종 하면 이 선수를 빼놓을 수 없다. 고속슬라이더라 불리는 빠른 변화구가 위력적이지만, 윤석민은 사실 팔색조 투수이다. 거의 모든 구종을 수준급으로 구사하는 진정한 의미의 팔색조. 그날그날 긁히는 공을 골라 잡아 던질 수 있고 타자 유형별 구종을 선택할 수 있어 상대하기 까다로운 투수의 대표주자이다. 사진에서 보듯 같은 체인지업 그립인데도 공 잡는 위치가 제각각인 점이 이채롭다.

옥상 위 투수의
첫 번째 팬

잠을 자고 일어나는데 아내 이주화 씨가 혀를 끌끌 찬다. 내 손에는 야구공이 쥐어져 있었다. 여러 그립을 잡아 보다가 소파에서 잠이 들었나 보다. 그날 이후 아내는 나의 첫 번째 팬이 되었다. 좋아하는 것은 해 보라며 야구장에도 곧잘 찾아와 마운드에 서 있는 나를 격려해 주었다. 반쪽의 격려를 통해 나 역시 아내가 무엇을 좋아하는지 더욱 관심을 가지게 되었고, 응원해 주게 되었다. 배우자가 좋아하는 것을 인정하는 것은 상대에 대한 존중과도 같다. 아내는 내 탓에 호된 공 맛을 보기도 했다. 함께 캐치볼을 했는데 시작은 좋았다. 운동 신경이 좋은 아내가 내 공을 척척 받아 냈다.

"잘 받는데~"라는 칭찬 속에 나의 구속이 점점 빨라졌고, 결국 그녀는 글러브가 아닌 이마로 공을 받았다. 아찔한 순간이었다. 공을 맞은 부분이 순식간에 발갛게 부풀어 올랐다. 경기에서 사용하는 경식공이 아닌 연식에 준하는 이벤트용 사인공이어서 그나마 다행이었다. 사실 초보자가 야구공을 글러브로 받는 것은 그리 쉬운 일이 아니다. 정신을 차린 아내는 당황한 내게 "당신이 공 맛을 알아?!"라고 호통을 치며 충돌 순간 본 수많은 별에 대해 이야기했다. 그리고 다시는 글러브를 잡지 않았다. 그러면서도 스트라이크로 들어온 공을 자신이 잡지 못했다며 오히려 나를 배려해 주었다. 이런 아내여서 평생 받들어 모시고 살 수밖에!

사회인 야구선수인 남편과 함께 야구 사랑을 키워 가고 있는 배우 이주화 씨가 프로야구 넥센 히어로즈 경기에 시구자로 나섰다. 일주일 동안 동네 놀이터에서 연습한 그녀는 싱커 그립을 잡고 힘차게 포수 미트를 향해 시구했다. 결과는 원 바운드 스트라이크!

나는야 사회인 리그의 팔색조

투수는 마운드에서 맞을수록 배운다고 했던가. 사회인 리그에서 나의 직구는 상대 타자를 압도하지 못했다. 부실한 하체는 공을 몸 앞으로 끌고 나오지 못했고 손가락의 악력이 떨어지면 제구가 흔들렸다. 하체와 제구는 하루아침에 만들어지는 것이 아니다. 결과는 맞고 맞고 또 맞고의 연속. 사회인 리그에 뛰어든 나는 생존을 위해, 동료에게 부끄럽지 않기 위해, 아낌없이 응원해 주는 가족을 위해 이겨 내야 했다.

또 다른 구종이 필요했다. 직구와 커브, 슬라이더를 손에 익혔지만 남겨 둔 숙제와도 같았던, 류현진의 결정구로 유명한 체인지업의 완성에 나섰다. 이 구질은 직구처럼 날아가다 떨어지는데, 속도의 변화 때문에 체인지업이라는 이름이 붙었다. 커브나 슬라이더와 달리 역회전을 먹기에 공의 방향도 반대이다. 마음먹은 순간부터 머릿속에는 체인지업이 날아가는 궤적이 맴돌았다. 당구를 쳐 본 사람이라면 금세 상상할 수 있는 바로 그런 증세이다.

도전은 선택하는 순간 시작된다. 체인지업에 이어 싱킹 패스트볼

(싱커)도 연습했다. 싱커는 직구처럼 날아가다 오른
손 타자의 몸 쪽으로 살짝 떨어지는 직구 계통의
구질이다. 시간이 지날수록 여러 구종
이 손에 익었다.

폼의 변화도 고민거리였다. 우완 정
통파로 시작해 조금씩 팔 높이를 내렸다.
공 끝의 무브먼트(움직임)를 살리기 위해 사이드
암(Sidearm, 야구에서 투수의 투구 동작 중 하나. 몸을 웅
크렸다가 팔을 어깨와 수평으로 맞힌 다음 공을 옆으로
던져서 사이드암이라 부른다.)으로 변신해 실전에서
사용하기도 했다. 공을 위에서 찍어 누르듯 던지는
것보다 옆으로 채면서 던지면 역회전이 먹으며 끝
부분이 살짝 휜다. 김병현과 임창용의 뱀 직구를 연
상하면 된다.

야구를 하면서 느낀 점 하나. 한 번에 잘할 수는 없다. 늘 시간이 걸
렸지만, 돌아보면 조금씩 변화했고 성장했다. 그리고 그 속에 소박한
만족이 있었다.

야구 구종의 종류와 특징

직구

직구는 풀어 쓰면 '곧바로 날아가는 공'이다. 그러나 야구에 직구는 없다. 움직임, 즉 모든 공에 무브먼트가 존재한다. 직구 역시 마찬가지이다. 그래서 직구는 빠른 공(Fast Ball)이라 부르는 게 맞다.

포심패스트볼(포심, four-seam fastball)

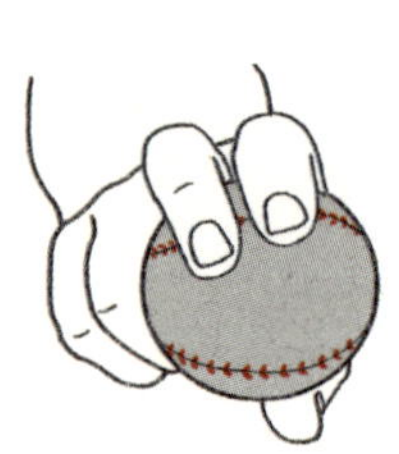

포심은 야구공의 4군데 실밥을 잡고 던지기에 포심이라고 불린다. 검지와 중지 사이가 좁을수록 공이 빨라지고 손가락을 적당히 벌리는 만큼 제구력이 좋아진다. 공기 저항이 일정한 편이라 가장 반듯하게 날아간다. 그리고 타자 앞에서 솟구치는 빠른 공을 라이징패스트볼이라고 한다. 모든 공은 중력에 의해 지면으로 떨어지는데, 매우 빠른 공은 그것을 이겨 내며 날아간다. 그때 타자는 공이 떠오르는 듯한 착시 현상을 느낀다.

투심패스트볼(투심, two-seam fastball)

투심은 검지와 중지로 실밥의 가장 좁은 부분을 잡고 던지는 것이

야구를 향한 나의 열정은 스피드 건에 적히지 않는다.

톰 글래빈(1966~)
뉴욕 메츠 사이영상 2회 수상 올스타 7회 선정

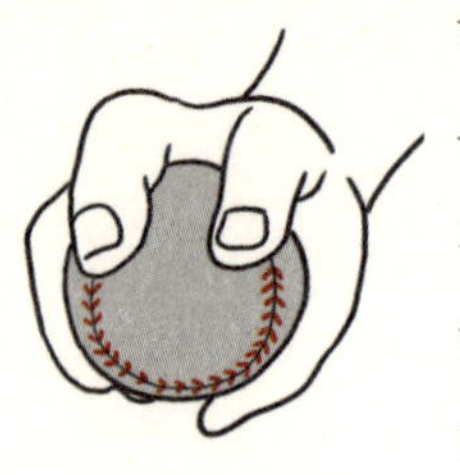

다. 던지는 방식은 포심과 같지만 우투수의 경우 오른쪽으로 살짝 휘면서 떨어진다. 손목 회전과 함께 중지의 누르는 힘이 더 강하게 작용하기 때문이다. 공 끝에 변화를 주는 데 용이한 빠른 공으로, 속도는 포심에 비해 살짝 느리다.

싱킹패스트볼(싱커, sinking fastball)

투심과 거의 유사하지만 이름에서 알 수 있듯 가라앉는 구질이다. 홈플레이트 앞에서 투심에 비해 떨어지는 각이 크다. 투심과 같은 방식으로 공의 실밥을 잡는데, 던지는 순간 손등으로 공을 덮듯이 던지는 차이가 있다. 팔스윙을 고려하면 정통파보다 잠수함 투수가 익히는 것이 더 위력적이다. 투심처럼 땅볼 타구를 유도하는 데 효과적이다.

컷패스트볼(커터, cut fastball)

슬라이더 그립과 비슷하게 잡고 던진다. 슬라이더와의 차이는 구속이다. 슬라이더보다 구속이 빨라 휘는 각도도 더 날카롭다. 우투수의 경우 우타자의 바깥쪽으로 향한다.

다양한 빠른 볼

일반적인 그립과 던지는 방식은 비슷하지만, 투수는 자신의 손과 체형에 맞게 조금씩 변화를 추구한다. 공의 궤적은 같은 그립으로 던져도 각 선수들의 몸에 따라 다르게 나타난다. 때로는 포심 그립으로 공을 잡아 슬라이더나 커터처럼 손목을 회전시켜 던지기도 하고 반대로 슬라이더나 커브 그립을 쥐고 포심처럼 던지기도 한다.

변화구

직구가 남성적이라면 변화구는 여성적이라고 할 수 있다. 공이 휘면서 여러 궤적을 만들어 낸다.

커브(curve)

12시에서 6시 방향으로 떨어지는 것과 2시에서 7시 방향으로 떨어지는 두 종류가 있다. 빠른 공과는 20~30km 이상 구속 차이가 난다. 투구법은 검지와 중지를 붙인 채 중지가 돌출한 실밥을 아래로 긁으면서 던진다.

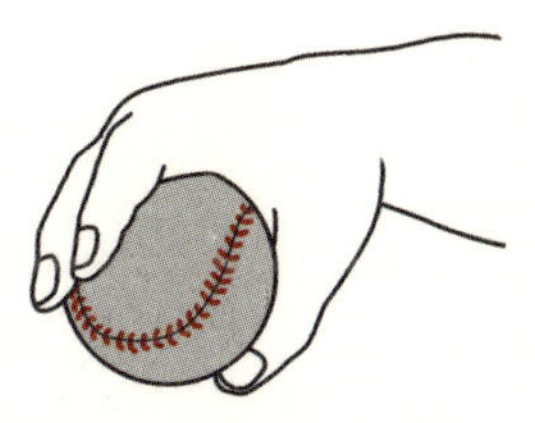

검지의 손톱으로 공을 찍어 던지는 너클 커브는 회전수가 증가하며 낙차 폭이 더 커진다.

슬라이더(slider)

릴리스 포인트(공을 던질 때 공을 손에서 놓는 위치)에서 문고리를 돌

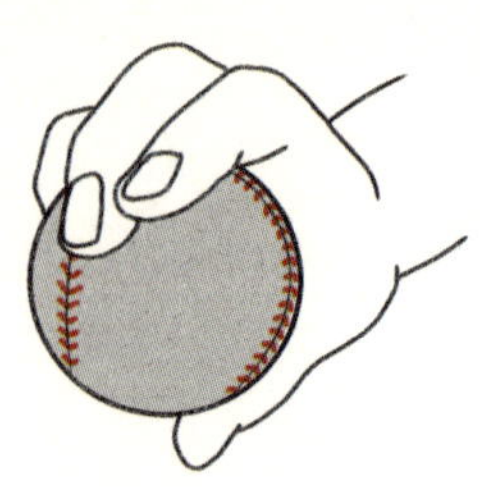

리듯 손목을 회전시킨다. 슬라이더는 빠른 커브이며 느린 커트의 성향을 가진다. 직구처럼 빨리 날아오다 마지막 순간 확 꺾이는 슬라이더를 고속 슬라이더라고 부르고, 커브처럼 많이 휘는 슬라이더는 슬러브(slurve)라고 한다.

체인지업(change up)

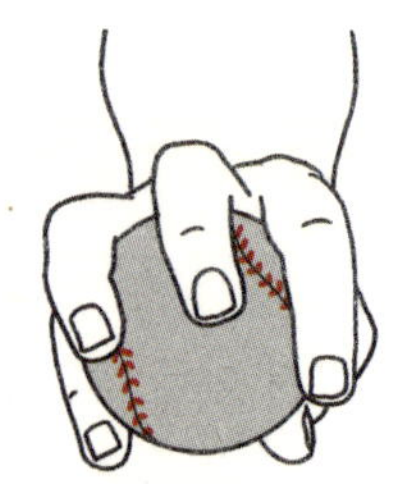

체인지업은 직구의 투구 매커니즘과 일치한다. 다만 공의 속도에 변화를 주며 타자의 방망이를 피해 간다. 서클체인지업, 일명 OK(오케이)볼은 엄지와 검지 끝을 붙여 동그라미를 만들고 나머지 세 손가락을 이용해 투구한다. 우투수의 경우 자연스럽게 역회전이 걸려 우타자의 몸 쪽으로 휘어져 들어간다.

포크볼(forkball)과 스플리터(splitter)

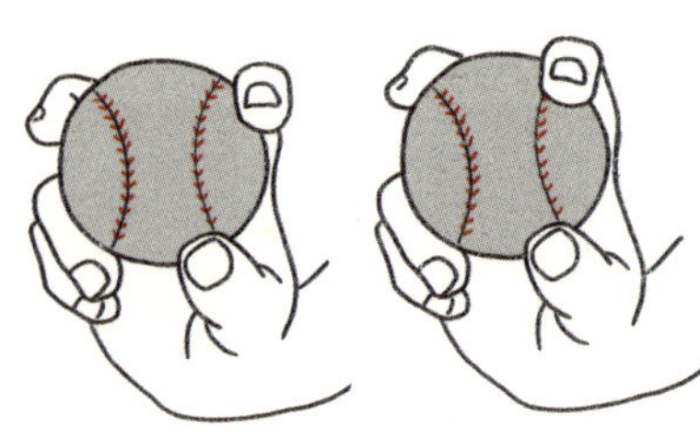

포크볼(왼쪽)은 검지와 중지를 포크처럼 벌려 공을 그 사이에 끼워 던진다. 회전수가 적어 타자 앞에서 훅 떨어진다. 투수의 팔이 야구공이라는 지지대 없이 허공에서 회전하기에 팔 관절이 분리되는 느낌이 있다고 한다.

스플리터(스플릿핑거 패스트볼, 오른쪽)는 포크볼보다 두 손가락 사이에 더 가깝게 위치한다. 손가락이 짧은 투수는 포크볼이 아닌 스플리터 그립으로 던진다.

세계 3대 마구, 너클볼(knuckleball)－스크루볼(screwball)－자이로볼(gyro ball)

너클볼(위)은 검지와 중지로 야구공을 딱밤 치듯이 밀어내는 변화구이다. 핵심은 무회전이다. 회전이 적을수록 나비처럼 팔랑거리며 날아간다. 공기 저항을 야구공 실밥이 고스란히 받아들이기에 공을 던지는 투수도, 공을 받는 포수도 그 공이 어디로 날아갈지 예측하기 힘들다.

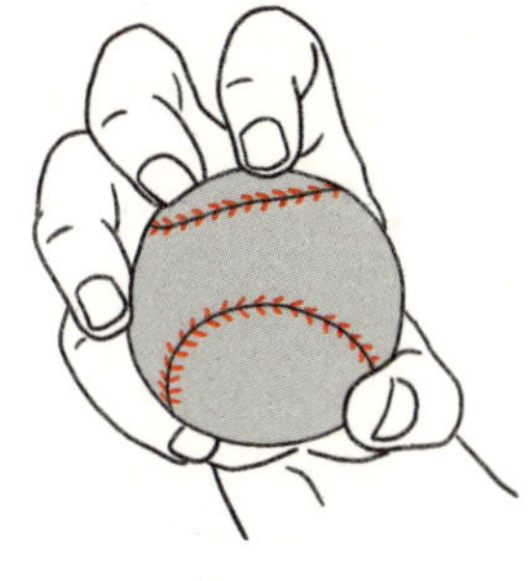

스크루볼(아래)은 인간의 팔이 기본적으로 설계된 반대 방향으로 비틀어 던진다. 슬라이더를 반대쪽으로 던진다고 보면 된다. 오른손잡이가 문고리를 잡고 왼쪽으로 돌린다고 보면 되는데, 120km대 구속 정도는 유지해야 프로에서 사용 가능하다.

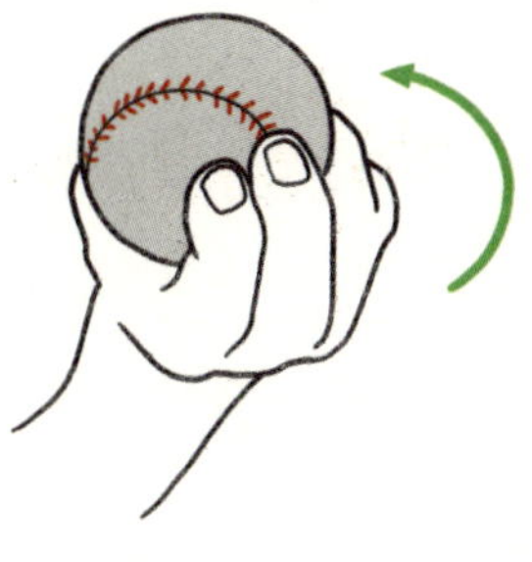

자이로볼의 움직임은 우투수의 경우, 공이 직진 방향으로 진행하다가 우타자 몸 바로 앞에서 좌회전 신호를 받고 급하게 턴을 하는 것으로 비유할 수 있다. 매우 빠른 슬러브라고 할 수 있다. 이런 구질을 보유한 투수는 야구만화에서나 찾을 수 있다.

야구를 설명할 수 있는 말이 딱 한 가지 있다.
알 길이 없다.
호아킨 안두하르
전 세인트루이스 투수

야구,
불확실한 인간적 요소가
만드는 예술

야구란 무엇일까. 한 웹툰 작가가 자신의 작품 후기란에 별다른 코멘트 없이 마침표 하나를 찍어 둔 것을 보았다. 작가 자신의 평가나 해설보다 보는 이의 판단이 우선이라는 것일까. 아마 그럴 것이다. 일종의 여백의 미!

야구도 비슷하다. 우선 정의는 간단하다. 영어로는 Baseball, 3개의 베이스를 돌아 집(Home)으로 돌아오는 경기. 한자로는 野球, 들판에서 하는 공놀이. 조금 더 살을 붙이면, 9명이 한 편이 되어 9회까지 공격과 수비를 번갈아가며 승패를 겨루는 경기로, 상대 투수의 공을 타석의 타자가 치면서 전진하다가 홈을 밟으면 1점을 얻는다.

그런데 정의가 아닌 의미를 생각하면 조금 복잡해진다. 여백의 의미가 넓고 깊다. '야구는 인생이다.'라는 말처럼 예측하기 힘든 별별 일이 한 경기 안에서 모두 일어난다. 도전과 실패의 과정, 웃고 우는 상황이 반복된다.

그래서 50년 경력의 언론인 레너드 코페트는 저서 《야구란 무엇인가》에서 '야구가 과학이 아닌 예술이라는 소신에는 변함이 없다.'고 말했다. 야구는 불확실한 인간적 요소가 끼어들 여지가 없는 자연법칙이 아니며 무수한 직관과 의지의 산물이라는 해석이다.

타격도 그렇다. 사람은 자신만의 독특한 필체를 쓰게 마련인데, 타자 역시 타격의 기본 원리에 바탕을 두고 방망이를 휘두르지만, 자질과 재능 그리고 개성에 따라 자신만의 스윙을 하게 된다. 이것이 바로 타격을 예술이라고 하는 이유이다. 사회인 야구선수도 각자의 아트 스윙을 한다. 그러나 관중의 입장에서 사회인 야구를 보면 처절한 몸개그에 가깝다. 사실이다. 공 따로 몸 따로의 향연이다. 그러나 그 속에도 열심인 몸짓과 살가운 동료애가 살아 숨 쉰다. 운 좋은 내야 안타와 평범한 뜬공(타자가 공을 하늘 높이 쳐서 올린 상태 또는공)을 잡는 기쁨도 크다. 그래서 불확실한 인간적 요소는 사회인 야구에서 더욱 빛을 발한다.

'참을 인(忍)'의 각오
'바람의 아들' 이종범은 일본 프로야구 주니치 드래곤즈 시절에 배트와 헬멧, 손목밴드는 물론 신발에까지 '참을 인(忍)'을 새겨 넣고 그라운드에 나섰다. 이는 자신의 마음에도 새겨 넣는 각오였다. 야구 천재라고 칭송받던 그에게 야구는 참는 것이었을까?

콘서트장 같은 야구의 매력, 나도 감독이다

아무나 좋아할 수 있지만 누구나 좋아할 수는 없다. 그래도 한 시즌 야구 관중이 700만 명(2012년 기준)을 넘었다. 야구가 꽤 인기 있는 스포츠라는 증거이다. 그런데 왜 이렇게 많은 사람이 야구를 좋아하는 것일까.

유도처럼 화끈한 단판승이 있는 것도 아니고, 격투기처럼 본능을 자극하는 것도 아니며 농구처럼 경기 내내 줄기차게 뛰어다니는 것도 아니다. 야구 경기는 시작했다 하면 3시간은 기본이고, 축구처럼 전후반 45분으로 깔끔하게 시간이 정해져 있지도 않다. 그렇다고 선수들이 쉴 새 없이 코트나 그라운드를 누비지도 않는다. 때로는 설렁설렁 하는 것처럼 보이기도 한다.

그래서 어떤 이들은 야구가 지루하다고 말한다. 선수들이 플레이하는 시간보다 가만히 있는 시간이 훨씬 더 기니 그렇게 느낄 수 있겠지. 모 프로농구 선수는 "집이 잠실에 있어서 야구장을 가끔 찾긴 하지만 재미가 있는지는 잘 모르겠다."고 솔직히 말하기도 했다.

야구는 경기 규칙도 복잡하다. 처음 보는 사람들은 고개를 갸웃거

LG 유지현 코치가 3루 베이스 옆에서 다양한 수신호를 통해 타자와 주자에게 사인을 보내고 있다. 이중 일부는 가짜이고 일부만 진짜다.

릴 수밖에 없는 상황의 연속이다. 타자는 치지도 않았는데 출루를 하고, 출루한 주자는 베이스 사이에서 시계추처럼 오락가락한다. 벤치에서는 코치가 유니폼 여기저기를 만지며 무언가를 지시하고, 선수는 사타구니 구석구석을 쓰다듬으며 이를 바라본다. 수화도 아니고 저걸 다 이해할 수나 있을까 싶을 정도이다.

기본적인 투수와 타자의 역할 그리고 스트라이크와 볼의 개념을 이해할 때쯤이면 포스아웃와 태그아웃이 기다리고 있다. 어떤 주자는 베이스만 터치해도 아웃이 되고, 또 어떤 주자는 꼭 태그를 해야 아웃이 된다. 프로선수들도 헷갈리는지 베이스를 밟고 주자 몸에 글러브를 대며 태그를 하기도 한다. 또한 타자가 친 공이 수비수 글러브에 들어갔는데 주자는 다음 베이스를 향해 달리기도 한다(태그업). 이건 또 무엇인가.

상황을 파악하기 위해 고개를 돌려 전광판을 바라보면 의미 모를 영어와 숫자가 더 미궁 속으로 빠져들게 한다. 야수의 위치는 숫자로 되어 있고 득점을 하면 R의 숫자가 올라간다. H는 안타(hit), E는 에러(error)라고 짐작하겠는데, R은 무엇이란 말인가.

야구는 표면적으로 보면 공을 던지고 방망이로 치는 단순한 행위의 반복이다. 그러나 그 속에는 수많은 원리와 질서가 톱니바퀴처럼 맞물려 돌아가고 있다. 그래서 파생된 규칙 또한 복잡다단하다. 패스로 이루어진 축구와는 다르다. 야구는 치고 던지고 막고 놓치는 과정에 양 팀의 무수한 작전까지 더해지며 결과를 예측하기 힘들다.

모든 스포츠의 특성은 같은 규칙 내에서 공평하게 경쟁하는 것이다. 그러나 번번이 빗나가는 예상은 즐거움을 준다. 변수 자체가 드라마 같은 시나리오를 만든다. 한 명이 잘해서 이기는 단체 경기는 없다. 야구도 마찬가지이다. 특히 야구는 감독을 포함한 모든 선수단이 같은 유니폼을 입는다. 일체감이다.

그리고 양 팀에 공평한 기회가 주어진다. 9회까지 27타석을 공평하게 나눠 가진다. 야구는 공정함을 대표하는 스포츠이다. 1회부터 9회까지는 곧잘 인생의 시계에 비유되기도 한다. 한 이닝당 3명의 타자가 아웃되기 전까지 그 이닝은 끝나지 않는다. 정해진 시간 속에서 승부를 겨루지 않는다. 타자 한 명, 투수 한 명, 공 한 개의 의미는 시간을 초월한다.

사령탑 중 가장 많은 야구 관련 직업을 경험한 넥센 히어로즈의 염경엽 감독은 야구가 왜 인기가 있는지에 대해 이렇게 말했다.

"야구장에 오면 마치 콘서트장에 온 것처럼 흥분이 된다. 친구 따라 왔다가 응원하는 재미에 빠져들고, 서서히 야구에 대해 알게 되면서 계속해서 야구장을 찾게 된다."

또한 그는 올림픽과 WBC에서의 활약도 큰 몫을 차지했고, 무엇보다 미디어의 역할이 컸다고 분석했다. 야구 경기가 시즌 중에 모두 중계되는 게 결정적이라는 것이다.

그러면서 야구 자체의 매력에 대해 설명해 주었다.

"야구는 자신이 감독이 될 수 있다. 스스로 작전을 내서 투수를 바꾸고 대타를 내고 번트를 댄다. 야구를 9회까지의 인생이라고 하는데 그것을 설계하고 실행할 수 있는 게 야구의 매력이다. 기사 댓글을 보면 감독 입장에서 쓴 것이 많다. 왜 히트앤드런을 했는지, 왜 거기서 투수를 바꾸지 않았는지 묻고 따지고 설명한다. 다 그런 거다.

그것이 바로 야구의 본질적인 매력이다."

나는 왜 야구를 좋아할까. 염경엽 감독이 밝힌 매력에 전적으로 동감하지만, 개인적으로는 옥상에서 공을 던지면서 '나도 꽤 잘하는데?'라는 느낌 때문이었다. 시작은 부끄러운 수준이었다. 그러나 공을 던지고 또 던지면서 내가 마음먹은 대로 공을 던질 수 있게 되었다. 그래서 사회인 야구 리그 마운드에서도 자신감을 잃지 않고 던질 수 있었다. 비결은 할 수 있다는, 기죽지 않고 던질 수 있다는 자신감이었다. 사람은 누구나 자신이 잘할 수 있다고 믿는 것을 좋아한다. 그리고 좋아하면 더 열심히 하게 되고 실력은 비례해서 성장한다. 나는 사회인 야구를 하면서, 다른 것은 몰라도 '오른팔에는 운동신경이 있구나.'라고 생각하게 되었다.

한 가지 길이 열리면 그곳에서 또 다른 길이 열린다. 나는 투구에 이어 타격에도 자연스럽게 맛을 들이게 되었다. 사회인 리그 더그아웃(야구장의 선수 대기석)에서 동료들끼리 서로 훈수 놓기도 빼놓을 수 없는 재밋거리이다.

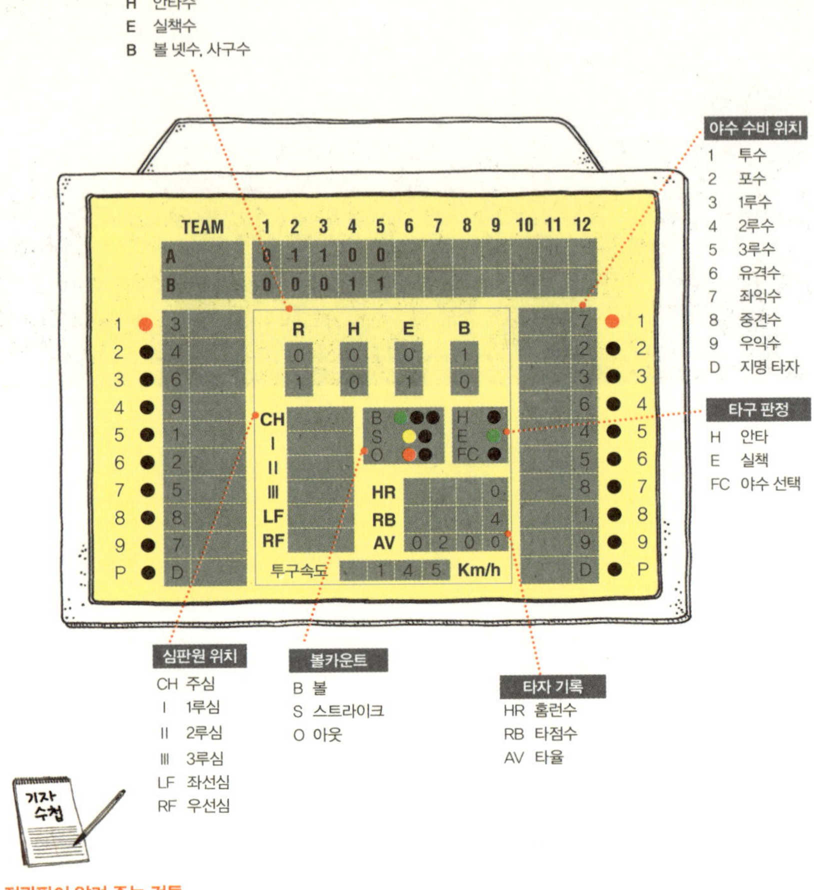

전광판이 알려 주는 것들

전광판은 야구의 진행 상황을 설명하는 커다란 그림판이다. 처음 보면 조금 복잡해 보이는데 그리 어렵지 않다. 위에 표시된 그림을 토대로 하나씩 배우면 된다. 일단 전광판 상단에는 각 이닝을 뜻하는 1부터 12까지의 숫자가 적혀 있다. 그 아랫부분(스코어보드)은 비워져 있는데, 원정팀(윗부분)과 홈팀이 올리는 득점이 들어가는 자리이다. 그 왼쪽 밑에는 양팀 선발 라인업이 들어가 있다. 1번에서 9번 타자까지 공격 순서대로 이름이 들어가 있고 가장 밑에 있는 선수가 투수(P)이다. 전광판 중간에는 영어 약자들이 표시되어 있는데 득점, 안타, 실책, 심판 이름 등이 들어가 있다. 그 아랫부분에는 그 타자의 시즌 안타수와 HR(Home run), RB(Runs batted in) AV(Batting Average)이 보인다. 그리고 마운드의 투수가 투구 후에 외야 쪽으로 몸을 돌리곤 하는데, 그건 바로 전광판에 찍힌 자신의 투구 속도를 보기 위해서이다.

밤 12시까지 양 팀 합쳐 장단 51개의 안타(H)가 쏟아진 한화와 롯데의 경기이다. 14-15로 뒤진 12회 말 2사 2루에서 홈팀 롯데 자이언츠의 포수(2) 겸 7번 타자 강민호가 상대 투수 마일영(P)이 던진 45 번째 공을 타격하고 있다. 전광판을 통해 강민호가 이 타석 전까지 37타수 12안타 1홈런(HR) 4타점 (RB)에 타율(AV) 0.324를 기록 중인 것을 알 수 있다.

전광판 속 타선의 비밀

1번 타자와 9번 타자 중 누가 더 잘 칠까. 한 시즌을 치르다 보면 1번 타자와 9번 타자가 타석에 들어가는 수가 다른데 1번 타자가 하위 타순에 비해 훨씬 더 많다. 한 시즌이 아닌 사회인 야구처럼 한 경기를 치르더라도 1번 타자는 하위 타선보다 타격할 기회가 더 온다. 그래서 더 잘 치는 타자가 앞에서 치게 되어 있다.

물론 타순이 한 바퀴 돌고 나면 선 두타자의 의미가 퇴색되지만, 초반 승부가 중요할수록 1번 타자의 타격 능력과 출루율은 중요하다. 2번 타자는 출루한 1번 타자를 스코어링 포지션인 2루로 보내야 하는 역할이 필요한 만큼 번트와 같은 작전 수행 능력이 요구된다. 3번 타자는 가장 잘 치는 타자가 주로 맡는다. 스코어링 포지션에 위치한 주자를 홈으로 불러들여야 하기 때문이다. 4번은 통상적으로 장타자의 몫이다. 타선의 중심이자 얼굴이기도 하다.

사회인 야구에서는 그냥 4번째 타자인 경우도 많다. 5번과 6번 타자도 중심 타자만큼 잘 치는 게 좋다. 그래야 투수가 3~4번 타자를 거르지 않고 상대할 테니 말이다. 프로야구에서는 2번 타자 같은 6번 타자라는 말이 있는데, 하위 타선에서도 작전 수행 능력과 한 방이 모두 필요하다는 의미이다. 사회인 야구에서 9번은 주로 투수의 자리이긴 한데, 프로야구에서는 테이블 세터(table setter, 야구의 1~9번 타순에서 1번과 2번 타자를 합쳐 이르는 말)와의 연결고리를 생각해 발이 빠르고 타격 센스가 있는 1번 타자 같은 9번 타자를 선호하기도 한다.

야구 포지션

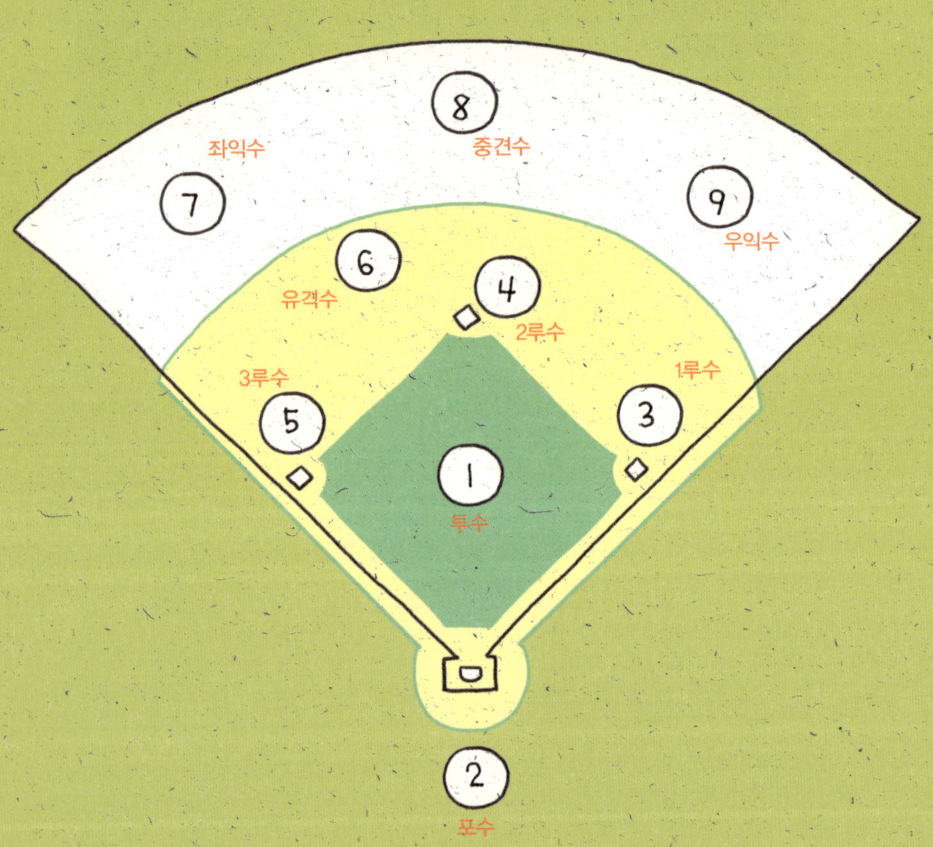

투수

사회인 야구에서 투수의 절대 조건은 스트라이크를 던질 수 있느냐이다. 안타를 마구 맞아도 좋다. 100km가 넘는 강속구(?)를 던지지 못해도 된다. 가운데 꽂아 넣는 능력만 있으면 된다. 방망이에 공이 맞으면 수비가 잡을 수 있지만, 볼 넷을 남발하면 답이 없다. 투수의 볼질이 시작되면 구위도 덩달아 떨어져 정타를 맞는 확률 역시 기하급수적으로 늘어난다. 그리고 수비 시간이 빨랫줄 마냥 길어진다.

사실 이 부분이 가장 중요하다. 사회인 야구 리그에서 경기 시간은 보통 2시간이다. 수비 시간이 길어지는 만큼 공격 시간이 줄어든다. 투수는 볼질하느라 마운드에서 멘붕에 빠지겠지만, 야수들은 수비 위치에서 멍하니 서 있는 시간만큼 자신의 타격 기회가 사라진다. 야수들은 볼 넷을 남발하는 투수의 등에 대고 '파이팅'을 외치면서도 상대팀 타선이 한 바퀴 돌아가면서 한 이닝, 두 타석의 기회를 만끽하는 모습에 마냥 배가 아프다.

포수

포수는 힘들다. 프로야구처럼 블로킹을 하거나 강속구에 맞는 고통은 거의 없지만, 여러 장비를 차고 있는 것만으로도 힘들다. 특히 제구가 안 되는 투수의 볼을 잡아내느라 진을 다 빼야 한다. 게다가 투수가 공을 던지는 만큼 되돌려 줘야 한다. 그리고 1루만 나가면 2루를 향해 달리는 게 사회인 야구 리그의

특성이라 2루 견제도 해야 한다. 주자를 잡아내는 경우는 희박하지만. 어쨌든 포수 마스크를 쓰고서 투수보다 더 많이, 더 멀리 던져야 하는 것이 숙명이다. 여기에 한 가지 더 필요한 조건은 말이 많아야 한다는 것이다. 지고 있으면 다운되는 그라운드 분위기를 큰 목소리로 일으켜 세우는 것도 포수의 몫이다. 투수가 밸붕(밸런스 붕괴)에 빠지면 살려 내는 몫도 포수의 임무이다. 그래서 포수를 안방마님이라 부르기도 한다.

1루수

주로 연배가 높은 고참이 1루수 미트를 잡는다. 이유는 간단하다. 연장자를 위한 배려이다. 더그아웃에서 가깝고, 다른 포지션에 비해 움직임이 적기 때문이다. 그런데 때로는 그 배려가 승패를 가른다. 1루 방향의 강습 타구는 아예 잡지 못한다고 인정하더라도, 내야 땅볼이 나올 때 1루수는 내야수의 부정확한, 특히 원바운드나 머

리 위로 날아가는 송구를 잡아내야 하는데 그게 쉽지 않다. 1루가 블랙홀이 되는 순간, 승리는 굿바이~

2루수

병살이 자주 나오지 않는 하위권의 사회인 야구 리그에서 2루수는 수비 경험이 적은 신입이나 연장자를 위해 비워 둔다. 외야수가 만세를 부르면 다량 실점으로 이어지나 2루에서 생긴 구멍은 그럭저럭 막을 수 있다는 계산이다. 강습타구는 그러려니 하고 땅볼만 잡아 줘도 땡큐! 그러나 최근 밀어치는 타구가 급증하며 노련한 2루수의 선호도가 점점 높아지고 있다.

3루수

더러워서 피하는 게 아니라 무서워서 피한다. 포지션이 그렇다는 게 아니라 타구를 향한 자세가 그렇다. 3루는 핫코너이다. 말 그대로 우타자들이 친 강력하고 빨랫줄 같은 타구(?)가 날아온다. 포구가 안 되면 몸으로라도 막아야 하는데, 그런 강심장의 소유자는 그리 흔하지 않다. 빨리 굴러오는 원바운드성 타구만 몸으로 막아 내도 박수세례를 받을 수 있다.

유격수

가장 운동신경이 뛰어난 선수가 유격수를 차지하는 것은 프로나 사회인 야구가 동일하다. 오른손 타자가 많은 만큼 가장 많은 타구를 처리해야 한다. 그라운드 상태가 열악한 사회인 리그 야구장을 고려하면 더 힘든 포지션이다. 팀 내에서 그래도 가장 야구를 잘한다는 이가 유격수를 맡지만, 소위 '알까기'가 계속 나온다. 투수와 호흡을 맞춰 2루수와 함께 2루 주자 견제에도 신경 써야 한다.

중견수와 좌익수

이들은 애국지사의 후예들이다. 배팅볼 투수를 보유하고 있는 팀이라면 그 후손들은 더 바빠진다. 머리 위로 새처럼 날아가는 백구를 향해 만세를 부른다. 경기 중이라 '대한독립만세' 구호는 생략한다. 좌익수보다 타구가 정면으로 날아와 거리 측정이 더 힘들기 때문에 중견수의 만세를 더 자주 볼 수 있다.

가장 부담이 없는 수비 위치이다. 프로야구는 좌타자가 많고 우타자의 밀어치는 타구도 심심찮게 나오면서 우익수가 매우 중요한 역할이 되었다. 타자 주자를 3루까지 보내지 않기 위한 강한 어깨도 필수 조건이다. 하지만 사회인 야구에서는 여전히 한직이다. 좌타자가 많지도 않고 우익수가 밀어치는 타구는 더더구나 보기 힘들다. 때로는 한 경기 내내 외야에서 콧바람만 쐬다가 돌아온다. 힘들다는 핑계로 중견수 커버 플레이를 하지 않는다면 정말 서 있다가 들어오게 된다. 체력 세이브를 원한다면 추천하는 포지션이다.

마운드에서 만족은 없다

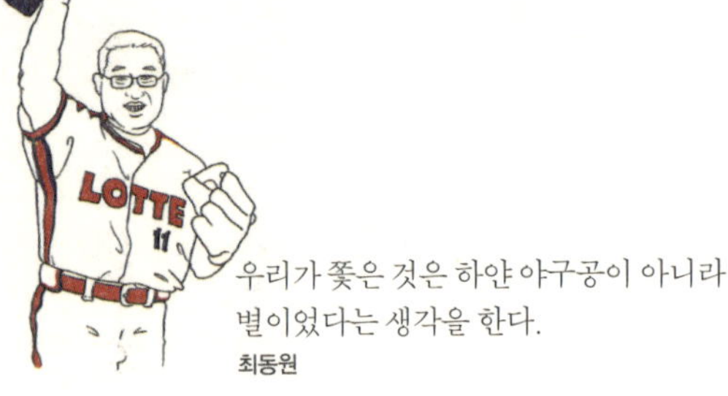

결정구가 들어가지 않았다. 슬라이더를 버리고 포심패스트볼과 커브의 완급 조절로 승부했다. 5회까지 이닝 당 1실점으로 버텼다. 마운드는 늘 새롭다. 가장 자신 있던 슬라이더가 들어가지 않고, 타석의 타자는 나를 노려본다. 난 어림없다며 슬쩍 입꼬리를 올렸다. 하지만 던지고 치는 이 단순한 행위는 늘 새로운 사건을 창조한다. 6회 들어 볼 넷 남발로 무사 만루를 깔고 시작했다. 점수는 11-5. 아직 흔들릴 이유는 없었다. 주자는 병풍일 뿐. 심호흡을 하고 평소보다 더 천천히 투구에 들어갔다. 몸은 마음의 지배를 받는다. 공은 똑바로 날아가 타자의 등에 꽂혔다. 다음 타자는 엉덩이, 그 다음 타자는 팔을 맞혔다.

옥상 위의 투수는 포수 겸 감독에게 말했다. 이제 내려가야겠다고. 그러나 야구는 믿음 위에서 존재한다. 포수는 팀의 신뢰를 전달하고 다시 마스크를 썼다.

나는 동료들의 든든한 시선을 등에 업고 두 타자를 더 때려 맞혔다. 퍽! 퍽! 이제 1점차. 베이스를 꽉 채우고 있는 주자들의 얼굴에는 맞은 고통보다 역전에 대한 기대감이 번져 있다.

야구는 늘 새롭다. 그래도 5명을 내리 맞히다니. 악력이 떨어진 건가? 내겐 짧게 느껴지는 이 순간이 야수들에겐 무척 길겠지? 세트포지션을 최소화하고 캐치볼을 하듯 힘을 빼고 제구에 전력을 다했다. 몸 쪽 포심에 느린 커브 그리고 더 느린 커브가 먹히며 내야 뜬공과 삼진. 그리고 2아웃에서 마지막 타자를 2스트라이크까지 몰아붙였다. 승리가 눈앞에 보였다. 멀리서 들리는 가족의 응원소리. 일구일혼. 과감하게 포심패스트볼을 가운데 찔러 넣었다. 깡~ 그라운드에 날카로운 파열음이 퍼졌다.

3루수가 파울라인 밖으로 몸을 던졌다. 순간 시간이 느리게 흐르는 듯한 기분이 들었다. 마치 슬로모션처럼. 공중에서 3루수의 몸이 쫙 펴졌다. 그리고 그 끝 글러브에 직선 타구가 잡혔다. 상대 더그아웃에서도 박수가 터져 나왔다. 이겼다! 그런데 내 기분은 기쁨 반, 아쉬움 반!

그 아쉬움은 오늘의 부족함을 채우는 약이 되겠지? 마운드에서 만족하는 투수는 없다.

에이스는 세뇌 중

공 하나만으로도 그날의 컨디션을 알 수 있다. 경기 전 불펜피칭(bullpen pitching, 투수가 몸을 풀기 위해 준비운동을 하며 공을 던지는 것)을 하는데, 오늘 쉽지 않겠다는 강렬한 느낌이 들었다. 어제 들이킨 시원한 맥주 때문일까? 아님 야간 배드민턴의 여파인가?

하지만 시간을 되돌릴 순 없다. 투수는 나 혼자뿐. 스스로 에이스라고 마음을 다잡는다. 마운드의 지배자가 되어야만 하는 게 오늘 나의 운명이다. 상대는 전승 중인 1위 팀. 투구 판 왼쪽 끝을 밟고 던졌다. 구위가 떨어진 날은 제구도 불안하기에 승부수는 바깥쪽. 어설픈 몸 쪽 공은 장타와 몸에 맞는 공의 희생양이 되기 십상이다. 그러나 악화는 양화를 구축한다. 투구판 왼쪽의 내딤 발 부근이 심하게 훼손

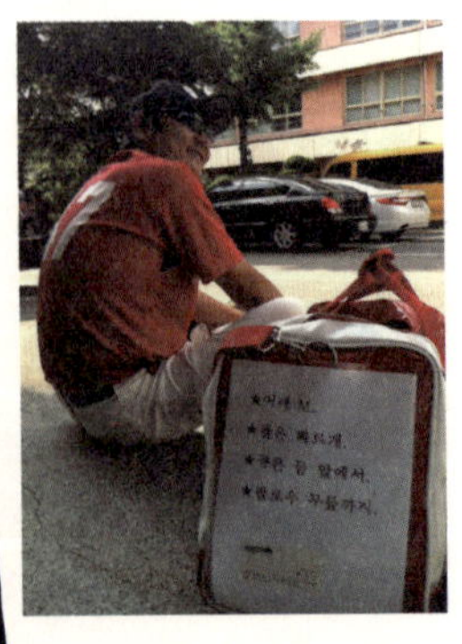

되어 인공 마운드의 철판이 드러나 있었다. 발이 쭉쭉 미끄러졌다. 다리가 지지를 못하니 제구가 더 흔들렸다.

아, 열악한 사회인 야구장의 현실이여. 하지만 에이스란 컨디션이 좋지 않을 때도 팀 승리를 지켜 내야 하는 존재이다. 그것이 에이스의 진정한 존재의 가치가 아닌가. 계속

해서 스스로를 에이스라고 세뇌시켰다. 초반에 안타를 계속 허용하면서도 꾸역꾸역 막아 냈다. 만루 위기도 어김없이 찾아왔지만, 수비의 도움이 컸다. 구위는 여전히 들쭉날쭉이었으나 뜬공아웃, 땅볼아웃이 쌓이면서 마음의 여유가 생겼다. 타선도 터지며 리드를 잡았다.

그러나 영원한 봄날은 없었다. 믿었던 유격수의 실책이 나오기 시작했다. 자신의 발등에 찍힌 도끼는 더 아픈 법. 그러나 시련은 우리를 더 강하게 단련시켰다.

실마리는 잠시 잃어버렸던 여유였다. 내야 땅볼이 나올 때마다 "천천히~"라고 말하는 서로의 목소리가 그라운드에 울려 퍼졌다. 그 여유는 우리가 충분히 이길 수 있다는 자신감이 되었다. 끝내 이겼다. 여름 태양은 뜨거웠고 땀은 비처럼 쏟아졌다. 시원했다.

사회인 야구인의 애환

사회인 리그의 기혼남은 가족에게 환영받지 못하는 존재이다. 주말에 야구가방을 둘러메고 나가는 그를 고운 눈으로 바라보는 가족은 많지 않다. 함께 야구장에 나가는 것도 한두 번이다. 등 뒤에 꽂히는 따가운 시선을 외면하고 홀로 현관문을 나서기가 쉽지 않다. 주중에는 회사에서 일하고 주말에는 가정을 위해 노력해야 하는 게 가장의 숙명이다. 야구를 한다고 해서 외부 환경이 좋은 것도 아니다. 우선 야구장을 구하는 것은 하늘의 별 따기다. 사막에서 횟감을 찾는 것과 비슷하다. 동네에 푸른 그라운드가 있어 부자지간에 캐치볼을 하는 것은 외국 영화에서나 나오는 장면이다. 우리나라 도시에는 공을 던지고 받을 빈 공간이 별로 없다. 거금을 내서 리그에 가입해도 행복한 것은 한순간이다. 땅값 비싼 서울 시내에 야구장은 흔치 않다. 서울 거주민의 경우, 경기도 이천, 포천, 안성 등으로 나가야 한다. 차가 막히는 주말, 야구장에 오고가는 것 자체가 고난의 연속이다.

우투좌타 홈런

사회인 야구에서는 투수도 자주 타석에 들어선다. 메이저리그로 치면 내셔널리그 스타일이다. 9명 채우기에 급급한 팀의 일상적인 모습이다. 타자 중에 양쪽 타석에 서는 이가 있다. 스위치타자(switch hitter, 좌우 타석 어디에서나 타격을 할 수 있는 타자)이다. 오른손 투수가 나오면 좌타석에 들어가고 왼손 투수가 나오면 우타석에 선다. 투수와 타자와의 공식 거리는 18.44m. 그러나 스위치타자는 조금이라도 더 오래 투수의 공을 보기 위해 대각선 타석에 선다. 구종과 궤도를 파악할수록 제대로 칠 확률이 높아서이다. 국내에는 완벽한 스위치타자가 없었다.

그러나 지난 2011년 2월 14일, 일본 오키나와현 온나손 구장에서 열린 삼성과의 연습 경기에서 LG 트윈스 소속이던 서동욱이 3-3 동점이던 5회초 우타석에서 좌투수를 상대로 좌월 투런 아치를 날렸다. 그리고 7-3이던 6회초에 우투수가 던지자 이번에는 좌타석으로 들어가 좌월 3점포를 쏘아 올리며 스위치 연타석 홈런포를 완성시키는 장타력을 뽐냈다. 정말 대단했다. 하지만 지금은 좌타자로 매진하고 있다. 그가 넥센으로 이적하자 염경엽 감독은 "하나도 제대로 못하면서 둘이라니, 좌타자만 시킬 것이다. 한손으로 죽기 살기 쳐도 3할을 못 치는데 무슨 스위치타자냐."라고 일갈했다.

그럼에도 불구하고 나는 사회인 야구 팀에서 스위치타자였다. 오른손잡이지만 좌타석에도 섰다. 오른손 투수의 공을 더 오래 볼 수 있다는 장점과 함께 이상하게 우타석보다 잘 맞았다. 장타는 안 나왔지만 방망이에 잘 맞으며 안타를 곧 잘 쳤다.

왜일까. 방망이를 잡는 양손에는 각자의 역할이 있다. 좌타자의 경우 방망이 아래쪽을 잡는 오른손은 핸들링, 위쪽을 잡는 왼손은 파워를 담당한다.

오른손잡이인 나는 그 오른손을 파워가 아닌 핸들링에 사용하며 콘택 능력을 높인 것이다. 그렇게 사회인 리그에서 몇 년을 스위치타자로 살았다. 그러다 최근 우타자로 전향했다. 홈런을 치기 위해서는 아니었다. 좌타석에서 이미 완벽한 타이밍으로 홈런을 친 경험도 있다. 아무래도 오른손잡이가 좌타석에서 방망이를 휘두르니까 우타석보다 스윙 속도가 늦어진다는 느낌 때문이었다. 그런데 얼마 전에 다시 우투좌타로 바꾸었다. 그렇게 계속 변덕스럽게 오른쪽과 왼쪽 사이에서 갈팡질팡하고 있다.

인아웃 스윙

방망이가 몸 쪽에서 바깥쪽으로 나가는 스윙이다. 우타자의 경우 오른쪽 팔꿈치를 겨드랑이에 붙이고 방망이를 돌린다. 임팩트 직전 헤드가 돌아 나오며 타격한다. 임팩트 후 방망이를 투수나 왼쪽으로 밀어낸다. 야구인은 골프를 좋아하고 또 잘하기로 유명한데, 야구와 골프의 인아웃 스윙 원리가 유사하기 때문이다.

이만수 감독은 "현역 시절 스윙이 아웃인 스윙 궤도를 그렸다. 이렇게 맞게 되면 볼이 맞아도 파울이다. 당시 박영길 삼성 감독님이 인아웃 스윙으로 바꾸기 위해 골프를 배우라고 해서 하루에 300개씩 연습 볼을 쳤고, 결국 홈런왕이 되었다."고 밝힌 바 있다. 류중일 감독은 "궤도의 차이가 있지만, 야구와 골프는 체중 이동, 머리 고정 등의 원리가 매우 흡사하다."고 했다.

BASEBALL

찍찍이 야구장갑과 짜릿한 홈런의 추억

타석에 서기 전, 얼마나 많이 그리고 세게 마음을 다잡았기에 야구장갑의 양쪽 찍찍이가 다 떨어져 나갔을까? 그 부분 말고는 양호한 그 장갑을 세탁한 후 수선했다. 찍찍이가 없는 한쪽은 쓰지 않는 모자 뒤 찍찍이를 붙였다. 고장이 났다고, 쓸모가 없다고 함부로 버려선 안 된다. 모든 것에는 존재의 가치가 있다. 수선을 마친 이 장갑을 끼고 집에서 방망이를 휘둘렀다. 마치 프로선수처럼.

난, 한때 홈런타자였다. 증거품 1호. 그때 상대한 팀과 투수는 잊었지만, 홈런의 느낌은 생생하다. 몸 쪽으로 낮게 제구된 공이었다. 왼쪽 팔꿈치를 겨드랑이에 붙인 채 몸 전체가 팽이처럼 돌아갔다. 타격 순간, 방망이를 쥔 손에 충격은 없었다. 점과 점이 정확히 만날 때 느낄 수 있는 그 감촉은 홈런타자만이 공유할 수 있는 경험이다.

돌아간 무릎, 전치 6주의 부상

내 얼굴이 늙어 보인다는 것을 나도 안다.
하지만 16년 동안 얼굴부터 들이미는 슬라이딩을 해 봐라.
당신도 못생겨질 것이다.
피트 로즈(1941~)
MLB 통산 최다안타(4256개) 기록 보유자

1회에 안타를 치고 출루한 후 2루에서 벤트레그슬라이딩을 하다 왼쪽 무릎이 돌아갔다. 조금이라도 삐끗하면 다리가 끊어지는 것 같은 고통이 엄습했다. 약 1만 볼트짜리 충격. 다친 날이 주말이라 곧바로 병원에 가지 못했다. 인대가 늘어나거나 조금만 찢어졌길 기대했다. 외야를 수비하다 오른쪽 종아리 근육이 파열된 이후 6개월만의 부상이었다.

그런데 신은 정말 감당할 만큼의 고통을 주는 걸까? 주말 출장 때문에 다리를 압박붕대로 감고 서울역에서 동대구행 KTX에 올랐다. 아, 살기 위해선 일을 해야 한다는 이 불편한 '먹고사니즘'이여. 목발이 없어 양 손에는 등산용 스틱을 잡았다. 다리를 건드릴 때마다 너무 아팠다. 하지만 그 아픔을 피해 가는 요령이 하나둘씩 생겨났다. 인류가 고통에 민감했기에 지금껏 생존했다는 이야기가 맞는 듯하다.

안 그래도 신경이 예민한데 옆 좌석에 앉은 승객이 소리를 내며 오락을 했다. 짜증이 스멀스멀 올라왔다. 교양 없는 그에게 "이어폰 없

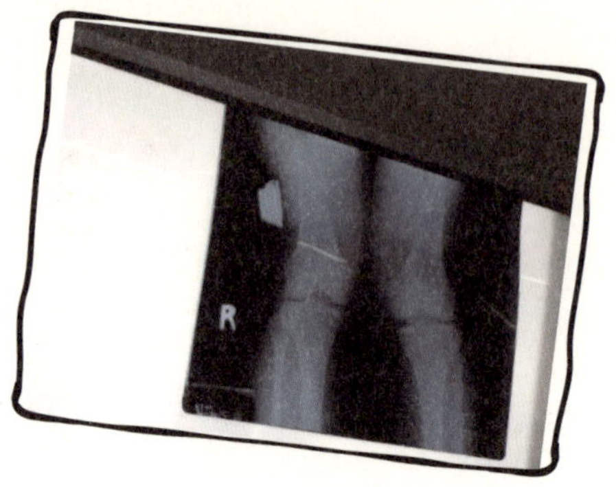

냐?"고 하니 그제야 무음으로 전환한다. 난 절뚝이지만 뾰족한 스틱이 두 개나 있다. 덤비면 받아 준다. 서울역까지 바래다 준 아내에게 고맙고 미안하다. 아내는 내게 화를 냈다. 이해한다. 야구 인생의 종착역. 끝단 데 없을 줄 알았던 그곳이 이젠 조금씩 보인다. 마냥 팔팔한 청춘은 아니다. 세상에 영원한 것은 없다. 모든 것은 때가 있나 보다. 월요일에 병원 문이 열리자마자 병원에 가서 MRI를 찍었다. 내측인대 부분 파열. 반깁스 상대로 안정을 취하란다. 예상 치료 기간은 6주. 다시 야구공을 잡을 수 있을까.

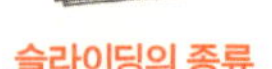

슬라이딩의 종류

슬라이딩은 벤트레그, 헤드퍼스트로 나뉜다. 발이 먼저 베이스로 향하면 벤트레그슬라이딩이고 머리가 먼저 들어가면 헤드퍼스트슬라이딩이다. 어느 편이 더 빠른지에 대해선 의견이 분분하나 다리가 먼저 들어가는 벤트레그슬라이딩이 더 안전하다는 것에는 이견이 없다. 슬라이딩 후 다음 동작으로 연결하는 데도 벤트레그슬라이딩이 유리하다. 다리부터 들어가며 그 탄력으로 그대로 일어나 다음 베이스까지 달릴 수 있다. 그 외 베이스를 지나치며 뒷발로 베이스를 터치하는 후크슬라이딩이 있다. 야수를 피하는 데 용이한 슬라이딩이다.

사회인 야구와 부상

직업이 야구인 사람들은 경기 전 몸 풀기에 철저하다. 몸이 재산이기에 스트레칭을 중시한다. 근육과 관절을 제대로 풀어 주지 않고 시합에 들어가면 부상으로 이어진다. 야구처럼 순간적인 힘을 요구하는 종목은 몸 전체를 유연하게 만들어야 한다. 그런데 사회인 야구인은 실전이 곧 훈련이다. 어렵게 빌린 야구장에서 빨리 나가 뛰고 싶은 마음이 굴뚝같아 캐치볼 조금과 방망이질 몇 번에 그치고 만다. "무슨, 스트레칭!"이라고 말하며 허세를 부리기도 한다. 땀까지 뻘뻘 흘리며 몸 풀기에 매진하는 직업 선수와는 천지차이이다. 그래서 사회인 야구에서는 부상이 속출한다. 베이스를 달리다가 다리 근육이 파열되기도 하고 방망이를 무리하게 돌리다가 허리를 삐끗하기도 한다. 슬라이딩하다가 손가락이나 무릎인대도 곧잘 다친다. 전부 나의 경험담이다.

LG 투수 봉중근은 20년 이상 야구하며 "부상은 삶의 일부"라고 했지만, 프로야구와 달리 사회인 야구에 있어 부상은 야구를 접는 지름길이다. 사회인 야구 선수가 오랫동안 야구를 즐기려면 스트레칭은 필수이다.

사회인 야구 베테랑의 생생 증언 "위기는 기회지만, 기회는 위기"
_사회인 야구 10년차 스포츠서울 사회부 김진욱 기자

사회인 야구의 덩치는 커졌지만 내실은 없다. 기본적으로 인프라 부족이 원인이다. 야구를 하려는 사람은 늘었지만, 그들을 유지하는 힘은 줄고 있다. 우선 환경이 열악하다. 재미로 시작하지만 곧 실망해서 나간다. 야구장이 절대 부족한 상황에서, 외진 데 아무데나 땅을 파 근린시설도 없이 허접한 야구장 하나 덜렁 지어놓고 장삿속을 밝힌다. 심지어 리그 가입비를 먹고 튀는 운영자도 있다. 조기축구는 동네 지역모임의 끈끈함이 있다. 사회인 야구는 태생적으로 지역 모임이 안 된다. 위기는 기회지만, 기회는 곧 위기이다. 같이 온다는 말이다. 반짝 인기에 그치지 않으려면 표준화된 사회인 야구와 야구장 관리 및 인증 시스템이 시급하다.

야구 초보에서
야구기자로

2루는 스코어링 포지션이고 반환점이다. 한 방이면 단숨에 홈까지 밟을 수 있다. 1루에서 바라본 그라운드는 지구본의 곡선처럼 휘어져 있지만 그라운드의 한가운데인 2루에서는 내·외야가 균형을 이루어 시야가 편안하다. 투수와 타자의 겨루기가 일직선으로 한눈에 들어온다. 아직 야구에 대해서는 잘 모르지만, 꿈을 크게 가질수록 삶의 무게는 가벼워진다. 다만 여가로 시작한 공놀이가 취미에서 이제는 밥벌이로 격상된 게 사뭇 부담이다.

옥상 위 투수,
프로야구로 출동

업무가 바뀌었다. 다리 부상으로 야구공을 놓고 있다가 야구 기사를 쓰기 위해 펜을 들었고, 야구장이 주된 출입처가 되었다. 사회인 야구장이 아닌 진짜 프로선수가 뛰는 야구장말이다. 나의 본업은 신문기자이다. 체육부로 발령이 나 봄부터 가을까지는 야구장, 겨울에는 농구장이 새로운 일터가 되었다. 그동안 야구를 흉내만 내다가 진짜 프로의 세계로 들어가는 것이다.

2013시즌 9개 구단에 128경기씩이면 1년에 1,152경기, KT 위즈를 포함한 10개 구단으로 산정하면 1,280경기가 시즌 중에 펼쳐진다. 야구를 좋아하는 사람들에게는 매일매일 새로운 영화가 개봉하는 것과 같다. 하지만 새로운 변화는 언제나 설렘과 함께 두려움도 갖게 한다. 본격적인 야구 인생의 시작! 그 시작은 또 다른 폼을 만들어 가는 과정이 될 것이다.

옥상에서 수천 번의 투구를 통해 나만의 폼을 가지게 되었다. 투구라는 것은 '다리를 들었다가 내리며 허리와 어깨를 회전한 뒤 손끝에 힘을 모아 던지는 것'이라고 설명할 수 있다. 그런데 백이면 백, 같은

오랫동안 꿈을 그리는 사람은
마침내 그 꿈을 닮아 간다.

감사용(1957~)
169cm의 단신으로 삼미철강 아마추어 야구팀 선수였다가
1982년에 삼미 슈퍼스타즈에 입단해 5시즌 동안 1승 15패 1세이브 기록
영화 〈슈퍼스타 감사용〉의 실제 모델

투구 폼을 가진 투수는 없다. 반복 과정에서 가장 무리가 없으면서도 강력한 공을 던질 수 있는 자기만의 자세를 자연스럽게 찾은 결과이다. 나는 어떤 폼을 가진 야구기자가 될까. 던지고 맞고 부딪히면서 찾아봐야 한다. 야구의 꿈은 겹칠 수 있다.

기자란, 시끄러운 목소리

기자(記者)의 뜻풀이는 '쓰는 사람'이다. 다른 사람의 이야기와 여러 상황을 써서 전달하는 사람이다. 글로 전할 수도 있고, 사진, 영상, 목소리 등을 통해 전할 수도 있다. 이들은 신문, 통신, 잡지, 방송 등의 분야에서 취재, 편집, 논평 등을 담당한다. 근무 형태에 따라 취재기자, 사진기자, 편집기자, 방송기자 등으로 구분된다. 외국에서는 현장 취재를 하는 사람은 리포터(reporter)라고 하고 편집자를 에디터(editor)라고 한다. 그리고 언론인을 통칭하여 저널리스트(journalist)라고 한다.

기자는 기본적으로 정보를 전달한다. 그래서 기자의 역할은 시끄러운 목소리라 할 수 있다. 이들은 어느 부분에 있어 잘못된 점을 논하기도 하고, 누군가의 목소리를 대변하기도 한다. 그럼 주변에서는 '아, 저게 문제구나.'라고 인식하고, 당사자나 대상은 (꿈쩍도 안 할 수도 있지만) 수정과 보완을 통해 조금 더 나은 쪽으로 움직인다. 그래서 기자는 세상을 좋은 쪽으로 변화시키는 경적이라고 할 수 있다.

신문기자의 경우 〈한겨레〉, 〈조선일보〉 등 종합지가 있고 〈스포츠서울〉 같은 스포츠 전문지가 있다. 그 외에도 여러 전문지가 존재한다. 경제를 주로 다루는 경제지와 특정 분야의 국방일보, 전자신문 등이 있다. 통신사로는 연합뉴스, 뉴시스 등이 있다.

스포츠 전문지는 스포츠와 연예가 양 대 축이다. 스포츠는 다시 4대 프로스포츠인 야구, 축구, 농구, 배구와 함께 각종 아마추어 종목을 다룬다.

사람이 먼저이다
야구기자가 되는 법

야구기자가 되는 방법은 크게 두 가지이다. 우선 언론사에 기자로 입사한 뒤 체육부로 발령이 나는 게 일반적이다. 여러 부서를 돌지 않고 야구만 계속 취재하면 나중에 야구 전문 기자라는 칭호를 받을 수 있다. 두 번째는 블로그 등의 인터넷 환경에서 개인 미디어로 꾸준히 활동하는 것이다. 이 과정을 통해 전문가 수준에 오르면 그 능력을 인정받아 언론사에 입사하는 경우도 간혹 있다. 1인 미디어도 능력만 있다면 충분히 기자가 되는 시대이다.

야구기자뿐 아니라 어떤 분야에서든 능력이 뛰어나면 좋겠지만, 그보다 우선하는 것이 있다. 그것은 바로 '능력보다 사람이 먼저'라는 것이다.

동료 사진기자 중 한 명은 신문사에 입사하기 전까지 카메라에 필름 끼우는 방법조차 몰랐다고 한다. 그는 입사원서를 내기 전에 신문사에 전화를 걸어 카메라를 다룰 줄 모르는데 원서를 내도 괜찮느냐고 물었고, 당시 전화를 받은 기자는 "괜찮다. 테크닉은 와서 배우면 된다."고 말하며 격려해 주었다고 한다. 결국 그는 최종면접까지 붙었다. 훗날 합격 이유를 물었더니 이렇게 답해 주었다고 한다.

"사진은 개인의 성격뿐 아니라 생각이 담긴다. 기술은 그 다음이다. 사람의 됨됨이가 균형 잡히고 성숙하다면 충분히 합격할 자격이 된다."

취재기자도 마찬가지이다. 글에도 생각의 깊이가 담긴다.

언론을 흔히 제4의 권력기관이라고 한다. 언론이 갖고 있는 영향력을 함축적으로 표현한 것으로, 훌륭한(!) 언론인은 늘 역사의 중심에 서 있었다. 사명감과 정의로움으로 무장한 이들은 세상을 보다 나은 쪽으로 변화시키기 위해 노력했다.

내가 기자가 된 것은 그런 거창함과는 사뭇 거리가 멀었다. 어디든 취직하기 힘든 시절에 대학을 졸업하기도 했지만, 자유를 찾기 위함이 더 컸다. 영화 등을 통해 접한 기자는 대부분 '프리(free)'해 보였기 때문이다. 하지만 현실은 달랐다. 막상 기자가 되고 보니 자유 속에는 더 엄정한 자기 구속이 존재했다.

용기

용기란, 겁이 없는 것이 아니라 겁이 나더라도 두려움을 떨쳐 내는 것이다. 두려움이야말로 두려워해야 할 대상이다. 이번 기회에 아예 프로야구 선수로 도전해 볼까? 터무니없는 것을 시도하는 사람만이 불가능한 것을 이루어 낸다. 베이비 루스도 718개의 홈런을 치는 동안 1,330번의 삼진 아웃을 당했다.

와~ 넓다. 잠실 구장의 기자실에서 느낀 첫 감정은 '시원함'이었다. 내야의 다이아몬드는 깨지지 않을 듯 단단해 보였고, 외야의 푸른 잔디는 파도처럼 넘실거렸다. 화려한 색깔의 관중석은 그라운드를 둘러싸고 있었다.

야구를 시작한 건물 옥상과는 다른 세상. 울퉁불퉁하고 웃자란 잡초 속에서 달리던 사회인 야구와도 천지차이였다. 그곳에서 곰 같은 체격의 프로선수들이 기합을 넣으며 굵은 땀방울을 흘리고 있었다. 그러나 초보 야구기자에게 감상의 시간은 그리 길지 않았다. 내게는 내야의 단단함과 외야의 여유가 존재하지 않았다.

야구는 타 종목과 달리 감독과 선수가 같은 유니폼을 입고 있다. 그들에게는 모두가 한 팀이라는 소속감이 견고했다. 막상 프로선수들 앞에 서니 무슨 말을 해야 할지 몰라 머리가 하얘졌고, 감독 앞에서는 괜히 주눅이 들었다. 좋은 사진을 찍기 위해선 한발 더 다가가야 하는데, 나에게는 다가감을 주저하게 하는 이질감이 있었다. 옥상과 사회인 야구가 조선시대 한양이라면 프로야구판은 21세기 서울

처럼 번쩍거렸다. 그곳에서 나는 시골에서 갓 상경한 촌놈이었다.

소설가 김훈은 《밥벌이의 지겨움》에서 '모든 밥에는 낚싯바늘이 들어 있다'고 꼬집었는데, 취미를 직업으로 하면 안 되는 필연적 이유가 깨끗한 유니폼처럼 분명해 보였다.

'세기의 배우' 찰리 채플린은 불행한 유년기를 보냈다. 그는 영화를 통해 사회적 불평등과 계급의 불합리를 유머로 승화시켰다. 그리고 이런 명언을 남겼다.

"멀리서 보면 희극이지만, 가까이 들어가면 비극이다."

낯선 야구와 맞닥뜨린 나는 찰리 채플린이 남긴 의미를 곱씹으며 '아는 만큼 보인다'는 '아는 만큼 말할 수 있다'로 대체할 수 있다는 것을 깨달았다.

사전 정보가 없다면 대화 속에 어떤 복병이 튀어나올지 모른다. 나의 일천한 야구 지식이 드러날 수도 있고, 멋모르고 한 말이 상대를 당혹스럽게 할 수도 있다. 답답했지만, 더그아웃에서 한동안 침묵했다. 공부가 필요했다. 나 스스로 프로야구에 익숙해질 때까지.

잠실구장 전경이다. 푸른 가을 하늘을 담고 있던 잠실구장에 잠시 후 비를 머금은 짙은 구름이 드리웠다. 강변에 위치한 잠실구장은 타 구장에 비해 날씨의 변덕이 심한 편이다.

말문이 막힌
옥상 위 투수

여지없이 문제가 생겼다. 프로야구 출입 초반, 모 감독과의 더그아웃 인터뷰에서 투수 교체 타이밍을 놓고 입장이 엇갈렸다. 감독에게 왜 그때 그 선수를 교체하지 않았느냐고 물었다. 감독 입장에서는 쓰린 가슴에 소금이 막 뿌려지는 심정이었을 것이다. 바꿀 만한 이유가 있어 바꾼 것이고, 그렇지 않아도 그것 때문에 경기에 져서 밤새 속앓이를 했는데 야구 경력이 일천한 기자가 와서 속을 긁어대니 빈정이 상할 수밖에.

감독은 이렇게 답했다.

"그런 결과론적인 질문에는 답변할 수 없다."

어찌 보면 에둘러 밝힌 답변이지만, 감독의 얼굴은 벌겋게 상기되어 있었고, 말투는 한 음절씩 씹어 먹듯이 전투적이었다. 그 순간 더그아웃 주변에 정적이 흘렀다. 다른 기자들도 일제히 입을 봉했다.

사회인 야구 마운드에서 홈런을 맞는 순간, 타자의 방망이에 내가 던진 공이 정확하게 강타당하는 그 순간은 한 장의 사진처럼 뚝 떼어

진다. 괴롭고 쓰라린 순간이다. 당시 더그아웃 장면이 그랬다.

그런데 그때 내가 한 마디를 더했다. 취재원과의 기 싸움에서 지면 안 된다는 강박관념이 내놓은 실언 하나 추가!

"감독님 그거 고민하다가 머리가 더 꼬불꼬불해졌나 봐요."

그 감독은 약간의 탈모를 감추기 위해 얼마 전에 파마를 한 상태였다. 본헤드플레이 세트 메뉴 작렬!

훗날 누군가 내게, 감독마다 성향이 다르긴 하나 전날 패배에 대한 결과론적인 질문은 조심해야 한다고 충고했다. 야구판에 대한 분위기 파악이 급선무였다. 우선 마음을 여는 일이 필요했다. 다가가는 행동이 바로 마음을 여는 것이다. 카메라가 피사체를 향해 다가갈수록 본질에 가까워지듯 취재원에게 한 발씩 내밀었다. 그리 외향적이지 않는 성격 탓에 두려움은 있었다. 그 두려움의 근본적인 이유는 상대의 반응을 예상하기 힘들다는 것이다.

그러나 움직이지 않으면 아무것도 달라지지 않는다. 무엇보다 소통하지 않으면 취재를 할 수 없다. 일부러라도 관심을 가져야 했고 궁금해해야 했다. 그리고 알게 되었다. 말문이 트이면 마음도 봇물처럼 터진다는 것을. 또한 나중에 알게 되었다. 감독, 선수들 역시 언론과의 인터뷰에 부담을 느낀다는 것을.

내게 힘을 준 한마디

동료 중에 뛰어난 취재력에 훌륭한 문장력을 겸비한 데다 방송 활동까지 활발하게 하는 친구가 있다. 어릴 적에 야구도 했던 멋진 녀석이다. 초보야구기자에게는 레전드급이었다. 취재할 때 보니 그는 선수들과 무척 친밀해 보였다. 자연스러운 허그까지! 선수들도 그에게는 다른 기자에게 말 못할 이야기도 다 털어놓을 듯 보였다. 그런 그에게 부러움을 표시했다. 그랬더니 그는 내게 "나도 유니폼 입는 선수들을 대하면 쫄린다."고 했다.

야구에 막 입문한 나에게 "잘할 것이다. 편하게 해라."와 같은 말이 아닌 "쫄린다.", 즉 부담되고 쭈뼛함이 있다는 사실을 털어놨다. 오히려 그 말이 큰 도움이 되었다.

　야구기자로 활동하던 첫 해, 나는 끊임없이 좌충우돌했다. 야구장에 갈 때면 가슴속에 설렘과 떨림이 가득 차올랐다. TV에서 보던 감독과 선수들을 코앞에서 보고 그들의 이야기를 직접 듣는 게 신기했다. 스크린에서 보던 유명 배우를 실제로 보는 것과 비슷할 것이다.

　사회인 야구를 할 때 전설처럼 보였던 감독들의 말이 귀에 쏙쏙 들어왔다. 전성기 시절의 무용담을 얘기할 때는 더그아웃이 사랑방처럼 변했고, 최근 경기 내용을 논하거나 선수들을 평가할 때는 카리스마가 뚝뚝 묻어 났다.

　국가대표급 선수들의 일거수일투족에도 눈길이 갔다. 유니폼을 입은 그들은 늘 당당해 보였다. 넓은 야구장을 자신의 안방처럼 편안하게 느끼는 듯했고 베테랑 선수들은 각종 매체를 대할 때 여유와 노련함이 드러났다.

　신인급 선수들의 파이팅 넘치는 에너지도 느껴졌다. 그라운드에서 늘 뛰어다니는 그들의 눈동자에는 팽팽한 긴장감과 함께 뭔가를 해내겠다는 열망이 가득했다.

　선수들이 경기 후 평상복으로 갈아입고 퇴근하는 모습을 종종 보았는데 사복보다 유니폼 차림이 훨씬 돋보였다. 그들의 넓은 어깨와 두껍고 튼튼한 허벅지를 제대로 소화하는 옷이 없어 그럴 수 있지만, 유니폼을 입고 있는 모습이 내겐 더 익숙했기 때문일 수도 있다.

야구장에서 감독과 선수들의 육성과 플레이를 기사화할 때 설렘과 뿌듯함이 공존했다. 내가 쓴 기사를 통해 또 다른 설렘을 가지고 있는 독자들에게 꿈과 희망을 전달하는 게 기뻤다. 사실 야구기자가 아니면 그들과 대면해 직접 이야기 나누는 게 쉽지 않다. 투수에게서는 구질별 그립을 눈앞에서 확인할 수 있고, 타자에게서는 궁금해하던 스윙에 대한 궁금증을 풀 수도 있다. 또한 야구공에 사인도 슬쩍 받을 수 있다. 그렇게 야구기자라는 유니폼이 조금씩 익숙해졌다.

그리고 야구가 후회의 게임이라는 것을 확인하며 단단해 보이던 프로야구인들의 장막이 조금씩 걷혔다. 야구는 늘 후회를 동반한다. 그때 휘둘렀어야 하는데, 그걸 던졌어야 하는데. 그런 후회는 머리와 가슴을 오가며 반복된다. 자신의 기회를 날려 버린 선수들은 더그아웃에서 고개를 숙인 채 괴로워했다. 그러나 야구는 후회로 이루어졌기 때문에 의미가 있다. 후회하는 것은 그 실체를 알지 못해서이다. 후회하는 마음을 두려워하지 말고 극복해야 한다. 타자는 10번의 타석에서 3개의 안타만 쳐 내도 훌륭한 선수로 인정받는다. 선수들은 실패할 때마다 후회하지만, 그 후회를 통해 전진하는 모습을 보여 주었다. 그 과정은 내 마음에 자극으로 전이되었고 용기가 되었다.

프로가 되는 것은 장원급제 수준

프로야구 선수로 이름을 떨치는 것을 흔히 '장원급제'에 비교하곤 한다. 어릴 적부터 야구를 한다 해도 중고등학교를 거쳐 프로에 입문해 명성을 떨칠 확률이 그만큼 적다는 비유이다.

신인 드래프트(신인 선수를 선발하는 일)를 예로 살펴보면 한해 평균 고졸 500여 명, 대졸 200여 명 등 700여 명이 대상자가 되는데, 이 중 100명가량만 프로구단의 선택을 받는다. 매년 수많은 학생 선수가 꿈 한 번 펼쳐 보지 못한 채 뒤안길로 사라지고 있다. 그나마 최근 구단이 10개 팀으로 늘면서 프로선수가 되는 확률이 높아졌다. 대략 10% 정도의 확률로 프로에 입문한다고 쳐도 이 중에서 주전으로 발탁되는 가능성은 채 1%도 안 된다. 그해 입단한 100명 중 팬들에게 각인되는 유명선수가 되는 것은 한두 명에 불과하다.

프로 입단 전에 청소년 대표를 하며 능력을 인정받은 선수도 지명을 받지 못해 신고 선수(연습생)로 프로의 문을 두드리는 경우 역시 허다하다. 그만큼 프로선수로 성공하는 것은 상당히 어렵다.

그래서 프로선수의 자부심은 남다르다. 어린 시절부터 엘리트 코스를 밟아 왔고 프로에 와서도 성공한 이들은 타고난 재능과 함께 끝없는 노력을 했기 때문이다.

'1억 3,000불의 사나이'가 된 텍사스 레인저스의 추신수는 야구에 관심이 없는 사람도 알만큼 유명하지만, 그는 한국 야구의 100년 역사를 거쳐 간 수많은 사람 중 단 1인이다. 추신수를 비롯해 박찬호, 류현진 정도가 되는 확률은 0.01%도 되지 않는 게 냉정한 현실이다.

성공하기 위해서는 실력과 함께 운도 따라 주어야 한다. 아무리 자신을 혹독하게 담금질해서 기량을 키워도 팀에 자리가 없으면 1군에 오르지 못한다. 같은 포지션에 국가대표급 주전이 있다면 감독이 과연 누구를 쓰겠는가.

지휘봉을 잡고 있는 사령탑과의 궁합도 중요하다. 팀의 색깔을 좌지우지하는 감독의 야구스타일에 자신이 맞지 않으면 기회를 잡기 힘들다. 특히 야구는 아무리 개인의 능력이 출중해도 꾸준히 경기에 출전해야 경기 감각을 익힐 수 있다. 야구는 순간을 다투는 스피드 운동이기 때문이다. 백업이 성공하기 힘든 이유도 궤를 같이한다. 반면 풀타임을 보장받은 박병호는 넥센 히어로즈로 이적한 뒤 한국을 대표하는 강자타로 꽃을 피울 수 있었다.

프로야구를 취재하면서 알게 된 것 중에 프로야구 선수로 대성하려면 '기량, 노력, 운'의 3가지가 모두 맞아떨어져야 된다는 것이다.

그래서 '국민타자' 이승엽은 지난 전성기를 회상하면서 늘 "나는 운이 좋았다."라고 말한다. 그의 겸손한 성향을 알 수 있는 말이기도 하지만, '국민타자'의 반열에 오른 데는 운이 작용한 것을 부정할 수 없다는 의미이기도 하다.

'장원급제'의 상징 이승엽은 미국 야구의 전설적인 감독 레오 듀로셔의 명언 "사람 좋아 봤자 꼴찌 못 면한다."를 극복한 대표주자이기도 하다.

내가 야구기자로 활동한 초창기일 때이다. 대구 구장 내 복도를 걸어가는데 멀찍이서 지나가던 이승엽이 겨우 안면 정도나 알 수 있는 내게 굳이 다가와 "안녕하세요."라고 밝게 인사를 건네고 성큼 지나갔다. 그의 친절함에 일격을 당한 나는 가까스로 목례로 답했지만, 말로만 듣던 그의 성품을 확인할 수 있었다.

야구기자는 몇 명?

2013시즌 프로야구 등록 선수는 역대 최다인 553명이었다. 기존 선수 471명에 신인선수 68명, 외국인선수 14명을 포함한 숫자이다. 여기에 감독을 포함한 코칭 스태프의 숫자를 더한 전체 선수단 인원은 738명이다. 2012시즌에 등록한 선수는 530명으로 프로야구 선수는 점점 늘고 있다. 2015년에 10번째 구단이 1군 무대에 정식으로 진입하면 프로야구 선수는 더욱 증가할 것이다. 야구기자의 인원수는 스포츠 4대 전문지(서울, 조선, 일간, 동아) 기준으로 전부 40여 명 정도 된다. 온라인 매체를 더하면 그 수는 늘어난다. 그리고 야구기자를 포함해 축구, 농구, 배구 등 스포츠 분야를 다루는 전체 체육기자의 인원수는 종합지, 스포츠지, 방송사, 통신 등 28개사 300여 명 정도이다.

유이 걱정하는 '딸바보' 김성갑 감독

　야구장 문턱을 넘은 시간과 접촉 빈도수에 비례해 야구인들과 조금씩 가까워졌다. 그들과 야구뿐 아니라 일상의 이야기를 나누며 현실에서는 다들 비슷한 고민을 한다는 것을 알게 되었고, 냉정하고 강철 같은 겉모습과 달리 감성적인 속내를 느낄 수 있었다.

　야구기자가 된 지 한 달도 되지 않았을 때 야구인의 인간적인 모습에 한발 더 다가간 계기가 있었다. 당시 넥센 히어로즈 수석코치를 맡고 있던 김성갑 2군 감독에게 전화를 했다. 휴대폰에서 밝고 상큼한 노래가 흘러나왔다. 딸 유이가 부른 히트곡 〈쏙쏙쏙〉이 휴대폰 컬러링이었다.

　통화가 연결되자 김 감독과 내년 시즌에 대비하는 선수들에 대해 이야기를 나눴다. 선수단 분위기와 수석코치로서의 책임이 막중하겠다는 대화였다. 그런데 자꾸만 만능 엔터테이너 유이가 부른 노래가 귓가에 맴돌았다. 한 지상파 드라마의 주연으로 활동 중인 그녀의 이야기를 묻지 않을 수 없었다.

　"요즘 따님은 어떻게 지내고 있어요?"

“함께 살아도 얼굴 보기가 힘들어요. 늦게 들어오고 새벽에 나가고. 딸애가 너무 힘들어 보여요.”

화려한 만큼 힘든 생활을 감내해야 하는 연예인 딸을 둔 아버지의 목소리에는 걱정이 물씬 묻어나왔다.

“그래도 따님이 자랑스럽겠어요.”

“말은 많이 안 해도 서로를 자랑스럽게 생각하죠. 나는 무뚝뚝한 경상도 사나이라 말이 짧고 딸아이도 자존심이 강해 힘든 것을 부모에게 잘 내색하지 않아요.”

그러나 서로를 생각하는 부녀지간의 마음은 애틋했다.

“가끔 피곤해 지쳐 곯아떨어진 딸아이의 이불을 몰래 덮어 주곤 해요. 항상 보는 딸아이라 잘 몰랐는데 어느 날 화장을 미처 지우지 않고 집에 들어온 것을 봤는데 너무 예뻐 깜짝 놀랐죠.”

김 감독의 목소리에서는 눈에 넣어도 아프지 않은 자식사랑이 고스란히 느껴졌다.

“딸아이가 ‘아빠, 수석코치 됐으니 부담되고 힘들겠어요. 그래도 힘내요!’라고 말해 줬어요. 어느새 우리 딸이 이렇게 자랐나 싶어요.”

“따님이 나오는 드라마는 잘 챙겨 보세요?”

“꼭 챙겨 봐요. 악성 댓글이 달릴까 봐 걱정을 많이 했는데 응원해 주는 팬이 많아요. 휴~. 밖에서 보면 연기하는 게 쉬운 줄 아는 사람도 있는데 그 많은 대사를 밤새 다 외우는 모습이 신통해요. 안 지려고 노력하는 모습에 나도 감동을 받는다니까요.”

애처로운 마음이 가득 느껴지는 말이었다. 그리고 나서 그는 걱정을 털어놓기도 했다.

"주변에서는 '유이 아빠 좋겠네~'라고 말하며 부러워하지만 사실 걱정이에요. 분야는 다르지만 나도 프로에서만 28년째 하고 있는데 어느 분야든 쉬운 게 없잖아요. 연예계에 데뷔한 딸아이가 대본을 외우고 연습할 때는 방문도 걸어 잠근 채 혼자 끙끙 앓더라고요. 내가 도와줄 수 있는 게 없어 미안하죠."

통화 말미에 김 감독은 딸아이에 대해 이야기한 것이 혹시라도 부담을 주게 되는 것은 아닐지 걱정했다. 그날 통화 후 김 감독의 카카오톡 소개 문구를 봤는데 '유이. 주말드라마 주연! 많이 응원해 주세요. 사랑합니다'라고 써 있었다. 딸을 응원하고 사랑하는 '딸바보' 아버지의 마음이 닿지 않는 데가 없었다. 김 감독은 이후에도 유이가 신곡을 발표하거나 새로운 드라마에 출연하면 컬러링을 바꾸고 카카오톡에 소개글을 올리며 응원을 계속했다.

대답보다 쉬운 것은 질문하기

기자는 답이 아닌 질문을 던지는 사람이다. 앞서 묻는 것에 대한 어려움을 토로했지만, 사실 답하기보다 질문하는 게 훨씬 쉽다. 마음의 부담만 없다면 마구 질문을 던지면 된다. 답을 얻으려면 질문은 필수이다. 다행히 야구계는 정치판과 달리 숨김의 미덕은 없다. 좋은 질문에는 좋은 답변이 나온다. 주의할 점은 부정적 답변을 유도하거나 'Yes or No'의 단답형 답변이 나오는 질문만 피해야 한다는 것이다.

우리는 대체적으로 질문에 약하다. 상대를 이해하고 배려하는 문화가 자리 잡고 있기 때문이다. 따져 묻기보다 그러려니 하고 넘기는 게 미덕이다.

어린 시절을 떠올려 보라. 학교에 다녀 오면 부모는 아이가 학교에서 무엇을 배웠는지 궁금해한다. 그런데 유대인들은 아이에게 무엇을 배웠는지가 아닌 수업시간에 무엇을 질문했는지 묻는다고 한다. 사뭇 다른 접근 방식이다. 그들은 자발적인 의문에서 시작해 답을 찾아가는 게 교육이라고 생각했다. 질문 과정을 통해 생각이 깊어진다고 인식했다. 소크라테스도 제자에게 질문을 던져 철학을 깨우치게 이끌었다. 그래서인지 서양인들은 대체로 수사법에 익숙하다. 어린 시절부터 중요한 학문의 하나로 교육을 받는다.

우리가 질문에 약한 것은 부모로부터 대물림된 것이기도 하다. 세상이 궁금한 어린아이는 끊임없이 답을 찾아 질문을 던졌다. 그러나 대화법에 익숙하지 않은 부모 세대는 한두 번은 답변해도, 질문이 계속 이어지면 그 답변을 회피하거나 흐지부지 답변하곤 했으며, 질문 자체를 귀찮아하기도 했다.

아이는 어른의 거울이다

아이는 부모가 주는 밥만 먹고 자라지는 않는다. 아이는 엄마와 아빠의 일거수일투족을 관찰하며 부모의 행동과 생각을 고스란히 받아먹고 자란다. 어른은 아이의 화분이며 아이는 어른의 거울이다.

소통

눈은 모든 것을 말한다. 눈은 마음의 창이다. 가리려고 해도 가려지지 않는다. 그래서 소통을 할 때 눈은 상대방으로 향해야 한다. '3초 응시법'이라고 상대를 3초간 바라보고 1초는 다른 곳을 봤다가 다시 3초 동안 바라보는 방법도 있다지만, 눈이 흔들리면 상대와의 신뢰를 쌓기 힘들다. 몸짓도 중요하다. 대화하기 싫은 사람과의 몸짓을 보면 상대에서 벗어나려 한다는 것을 알 수 있다. 팔짱을 끼거나 발끝은 상대가 아닌 다른 쪽으로 돌아간다. 그래서 몸을 정면으로 마주하면 달아나려는 마음도 돌아온다.

목소리도 중요하다. 사람의 첫인상은 10초 안에 결정 난다고 하는데 그중 목소리가 차지하는 비중이 절반 이상이다. 당당하고 자신감 있는 목소리가 필요하다. 그리고 목소리는 자신의 말보다 상대의 이야기를 듣는 데 사용해야 한다. 가장 말을 잘하는 사람은 바로 경청하는 사람이다. 다양한 소재와 함께 전문적인 지식도 필요하다. 자신만이 아는 분야가 있다면 확실하게 밝혀 좌중을 휘어잡아야 한다. 잘난 체만 아니면 된다. 소통에서는 주는 게 있어야 오는 게 있다.

야구장 1등석은 어디?

관중 입장에서 야구장 1등석은 아무래도 선수들의 호흡을 지척에서 느낄 수 있는 그런 자리가 아닐까 싶다. 우선 그라운드에서 가까운 곳으로 외야가 아닌 내야석 그리고 응원하는 팀에 따라 1루와 3루 쪽으로 다시 나뉜다. 대개 1루는 홈팀, 3루는 원정팀 응원석이다. 응원하는 맛에 야구장을 찾는 관중이라면 치어리더 앞이 일등석일 것이다.

야구 경기를 전체적으로 조망할 수 있는 위치는 홈플레이트 뒤쪽으로 포수가 앉아 있는 곳이다. 모든 야수는 포수를 향해 서 있다. 포수는 투수 리드와 함께 전체 경기를 조율한다. 그래서 포수는 그라운드의 사령관이라고도 불린다. 관중도 포수 뒤쪽 자리에 앉으면 홈플레이트를 시작으로 내야와 외야를 한눈에 아우를 수 있다. 수비와 공격에서 전체적인 흐름을 즐기기에 좋은 자리이다.

대부분의 기자석은 홈플레이트 뒤쪽, 즉 중앙석 부근에 자리 잡고 있다. 야구기자의 몇 안 되는 특권 중 하나이다. 우리나라에서 프로야구가 벌어지는 기자석의 경우, 목동 야구장과 광주 무등구장은 그

라운드와 같은 높이에 위치하고 있다.

그 외 구장은 2층 이상의 높이에 자리 잡고 있다. 규모가 큰 메이저리그 구장의 기자석은 엘리베이터를 타고 올라갈 만큼 높게 위치하기도 하지만, 한국 기자석의 최상층은 사직구장으로 4층이다.

내가 가장 노리는 자리는 포수 바로 뒷자리이다. 백스톱 바로 뒤쪽으로 그곳에서는 투수가 던지는 공의 움직임을 확실하게 볼 수 있다. 직구와 변화구의 볼 끝 움직임을 눈앞에서 볼 수 있고 오버, 언더, 사이드 투수 등 던지는 팔 각도에 따른 공의 궤적을 볼 수 있다.

그러나 국내 구장은 이곳에 좌석이 없다(대전, 광주 구장 제외). 메이저리그 구장처럼 포수 뒤에서 관중들이 환호하는 모습을 볼 수 없다. 대신 2층 관중석은 홈 뒤쪽으로 좌석이 있다. 주로 테이블석인데, 대개 이곳 한가운데는 각 팀 전력분석원이 카메라를 설치하고 노트북을 펼친 채 작업 중이라 일반 관중이 앉기가 쉽지 않다. 그 근처는 좌석 가격이 비싸기도 하다.

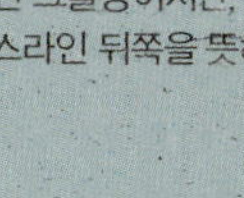

백스톱(backstop)

그라운드 밖으로 공이 나가는 것을 막고 관중을 보호하는 그물망으로 백네트라고도 한다. 포수가 공을 놓쳤을 때 공이 너무 멀리 가는 것을 막아 주는 기능도 한다. 야구에서는 홈플레이트 뒤쪽에 설치된 그물망이지만, 농구에서는 링이 설치되어 있는 백보드를 칭하기도 한다. 테니스 코트에서는 베이스라인 뒤쪽을 뜻하기도 한다.

감독 연봉의 절반은
욕먹는 값

　야구장을 출입하면서 살펴보니 더그아웃의 취재진 연령대가 무척 영(Young)했다. 최근 매체가 확 늘면서 더그아웃의 기자들도 파릇파릇했다. 그래서일까. 기자와 감독의 경기 전 인터뷰 모습을 보면 마치 받아쓰기 시험을 보는 것 같다. 경로우대인가?

　그렇다면 다른 나라는 어떨까? 2013시즌 초반, 최악의 시기를 보내던 LA 다저스를 취재한 모 한국 기자에 따르면, 당시 매팅리 감독은 "우리 팀은 열심히 노력하고 있고 점점 나아지고 있다."고 말한 적이 있는데, 미국 기자들은 그걸 가만히 지켜보지 않았다고 한다. LA 다저스만 20년 넘게 취재한 한 베테랑 기자는 감독의 말이 실린 신문을 스크랩해 와서 "도대체 어떤 부분이 나아졌나."라고 꼬집었고 매팅리 감독이 뜻을 굽히지 않자 "그 자신감을 어디서 나오는 것인가."라고 재차 따졌다. 베테랑 기자는 집요했으며 인정사정 봐 주지 않았다. 현장의 분위기는 냉랭했다. 감독이 더그아웃에 앉자마자 시작된 집중포화는 다른 기자들까지 가세하며 30분 이상 계속되었다고 한다.

한국의 더그아웃에서는 그런 모습을 찾아보기 힘들다. 부진의 늪에 빠진 감독과 선수들에게 살기 어린 질문 공세를 퍼붓지 않는다. 그게 일반적인 모습이고 보편적인 정서이다. 속으로는 캐묻고 싶어도 서로 얼굴 붉히기 싫어 참아 주는 것이다. 비판이 필요할 때는 언성을 높이는 데 주저하지 않는 미국 언론과

다른 모습이다. 우리의 경우, 베테랑 기자의 존재가 희귀해진 이유도 한몫하는 듯하다.

부진에 빠졌던 LA 다저스의 매팅리 감독이 연패 중에 "우리는 나아지고 있다."는 말 한마디에 질타를 받은 것처럼, '감독 연봉의 절반은 욕먹는 값'이라는 우스갯소리가 있다. 패배한 날 해당 팀의 게시판이나 기사의 댓글을 보면 감독과 해당 선수들에 대한 욕으로 도배되어 있다. 특히 팀의 사령탑으로서 감독이 지는 책임은 크다. 그런데 야구인과 소통하게 되면서 그들을 이해하게 되었다. 승패를 떠나 공 하나에 얼마나 집중하는지, 승리를 위해 얼마나 애를 쓰는지 말이다.

사회인 야구에서 야구는 놀이의 연장이지만, 직업으로 삼은 이들에게 야구는 생존 그 자체이다. 방출되었다가 신고 선수로 갓 들어온 선수도, 최고의 연봉을 받는 유명 선수도, 명장의 반열에 오른 감독도 마지막 1%까지 남은 힘을 짜내는 이유가 거기에 있다. 심판과 구

단 직원도 마찬가지이다. 그리고 1승 1패에 따라 쏟아지는 팬들의 찬사와 비난을 묵묵히 받아들인다.

그런데 여기서 떠오른 의문! 이기고 지는 게 그리 대수인가. 아무리 스포츠가 대리전쟁이라고 하나 생사를 거는 진짜 전쟁도 아닌데 다들 왜 이리 승패에 연연할까.

그라운드는 치열한 삶의 현장이고 승자와 패자가 분명히 나뉜다. 그건 환호와 눈물의 주인공이 매번 다른 각본 속에서 새롭게 태어난다는 의미이다. 수많은 볼거리가 한 경기 안에서 쏟아져 나온다. 그라운드의 주인공도 그들을 지켜보는 관중도 그걸로 만족할 수는 없는 것일까.

프로야구는 생계형 야구

시간이 흐를수록 감독과 선수들의 이야기로 머리를 채우고 그들의 플레이로 가슴을 채우는 시간이 쌓여 갔다. 선배, 동료들의 기사를 스크랩했고 관련 서적을 찾아서 읽었다. 시나브로 야구에 대한 지식과 애정도 늘어 갔다. 해답에 대한 조바심이 생겼지만, 인생은 기다림의 연속이다. 깨달음은 찰나에 찾아오기도 한다. 때로는 이미 알고 있기도 하고.

경기의 마지막을 지켜보거나 때론 끝맺어 줘야 하는 마무리 투수처럼 일상의 마침표를 야구장에서 계속 찍었다. 아침에 오전 마감을 하고 밥 먹고 야구장에 나가 경기 전 취재에 임했다. 그 내용을 가지고 또 마감하면서 야구를 보고, 경기 후 마감으로 하루를 보냈다.

야구는 '멈추기'를 반복하는 스포츠이다. 3시간 이상 걸리는 경기 중에 투수가 던지고 타자가 치고 수비가 잡는 시간을 더하면 채 30분이 되지 않는다. 나머지 시간은 전부 기다림의 연속이다. 해답을 찾기에 좋은 시간의 징검다리이다. 답은 멀리 있지 않았다. 하얀 베이스와 베이스 라인들은 늘 같은 곳에 놓여 있었다. 키와 몸무게는 다

유니폼은 전투복과 같다.

호시노 센이치(1947~)
일본 프로야구 투수 출신으로 주니치 등 여러 팀 감독을 역임
후랑이 감독으로 유명하며 '불타는 남자'라 불림

2009년 한국시리즈에서 KIA 타이거즈는 7차전 나지완의 9회 끝내기 결승 홈런으로 챔피언 자리에 올랐다. MVP에 선정된 나지완이 동료들에게 축하받는 모습을 준우승에 그친 SK 와이번스 선수들이 부러운 표정으로 보고 있다.

르지만 그라운드에서 싸우는 선수의 머릿수도 같았다. 물론 목적도 같았다. 바로 '승리'.

역사는 반복된다. 인간의 역사는 전쟁의 역사였다. 부정할 수 없는 사실이다. 상대를 제압하기 위해 인정사정은 필요 없었다. 피와 살이 튀지 않을 뿐이지 현대 사회의 모습도 매한가지이다. 세월에 따라 모양새만 달리했을 뿐 약육강식의 불공평한 전쟁은 아직도 진행 중이다.

그에 반해 야구는 꼴찌 팀이 1위 팀과의 싸움에서 10번 중 3번은 이길 수 있는 스포츠이다. 같은 룰 안에서 대결하는 공평함이 바탕이 된다. 일상의 불공평한 싸움에 지친 우리에게 야구에서의 승리는 커다란 대리만족이다. 즉 야구의 정의는 스포츠의 정의와 궤를 같이했다. 저마다의 복잡한 사정과 상황이 있지만 공평함이 스포츠의 시작

한국 야구계의 거목 김성근 감독(왼쪽)과 김인식 KBO규칙위원장(오른쪽)

점이다. 그리고 멋진 플레이는 포기하지 않는 승부욕이 있어야만 나온다는 사실도 답의 단초가 되었다. 결국 모든 이유의 최종 목적지는 승리이다. 냉정하게 말해, 사회인 야구는 즐기면 그만이지만 프로 야구는 생계형 야구이다. 지는 순간 연봉이 깎이고 유니폼을 벗어야 한다. 여기에 하나 더! 역사는 승자의 기록이다. 사람들은 패자의 눈물에 관심을 보이지만, 그보다는 승자의 환호에 더욱 열광한다. 야구 기사 역시 승자의 이야기가 메인이다.

18.44의 의미

LG 소속 시절 이상훈의 야구화 뒤축에 선명하게 적혀 있는 18.44m. 이는 마운드에서 홈플레이트까지의 거리이다. 이상훈은 현역 시절 야생마 같은 긴 머리를 휘날리며 그 18.44m에서 더 이상 공을 던질 수 없을 때까지 최선을 다하겠다는 각오를 밝히곤 했다. 최선을 다한 결과가 바로 승리이다. 그는 사인볼에도 18.44m라고 쓰며 자신의 야구 철학을 담았다.

야구,
아무도 몰라요

한 해설위원이 자주 내뱉는 말이 있다.

"야구, 아무도 몰라요."

맞는 말이다. 박상의 소설 《이원식 씨의 타격폼》에 이런 문장이
있다.

"야구에 대해 설명할 수 있을 만큼 야구를 잘 아는 사람은 우습게
도 야구에 대해서 설명하기 힘들다. '야구는 모르는 거예요.' 정도의
말이 최선이다. '야구? 내가 잘 알아.'라고 말하는 사람은 야구에 대
해서 발가락만큼도 모르는 사람이다."

그래서 대부분의 프로야구 감독들은 야구의 대가이다. 그들은 결
과론적 접근을 거부하며 "잘 모른다."로 일관한다. 노익장을 과시하
며 현장에 복귀한 김응룡 감독은 "야구는 바람
이다."라는 시적인 표현을 하기도 했다. 프로
야구 감독처럼 야구의 정점에 오른 대가들
은 '야구는 모르는 것'이기에 데이터(Data)
를 활용한다. 숫자로 정리된 데이터는 성공 확

률을 높이기 위한 수단으로, 그 상황에 가장 적
중률이 높았던 선수를 기용해 경기를 풀어 가는
데 도움을 준다.

　재미있는 사실은 이들 야구의 대가들도 때로
는 데이터보다 '감'을 믿는다는 데 있다. 국내 데
이터 야구의 개척자 김성근 감독 역시 "야구
는 살아 있는 생물이다. 데이터는 참고일
뿐 환경과 순간적인 감이 승부를 좌우한
다."고 했다. 일례로 김경문 감독은 2008년 베
이징올림픽 당시 이승엽을 끝까지 기용했다.
주변의 반대가 심했고, 당시 극심한 타격 난조를 겪던 이승
엽이 스스로 빼 달라고 할 정도였지만 결국 빼지 않았다. 김
감독은 자신의 '감'을 믿었다. 결국 그는 이승엽의 홈런을 발
판으로 역사에 남을 '금메달 감독'이 되었다. 역시 야구는
아무도 모른다. 끝날 때까지.

　그럼 왜 야구의 대가들이 '안전빵'을 무시하고 '촉'과 '감'을 활용
할까. 그건 야구의 본질과 관계가 깊다. 야구는 '허공의 접점'을 찾아
가는 몸짓이기 때문이다. 이에 관해 박상은 또 이렇게 말했다.

　"투수의 손을 떠난 공은 허공을 가르고 그 공을 향해 휘둘러지는
배트도 허공을 가르며 나온다. 심지어 스트라이크존도 허공에 떠 있
다. 길을 걷다 우연히 스트라이크존을 만나 같이 삼겹살에 소주 한잔
했다는 얘기는 듣지 못한다. 게다가 타구가 허공을 완전히 갈라 버리
거나 그라운드의 허공에 떨어져야만 안타이다."

그의 말대로 야구는 허공에서 유를 창조하기에 정답이 없다. 확률 대로 되지 않는다. 그래서 어렵고 재미있다. 하물며 사회인 야구가 벌어지는 흙바닥은 그 정도가 더하다. 결과는 예측 불가이고 감과 촉도 어긋나기 일쑤이다. 마치 인생처럼.

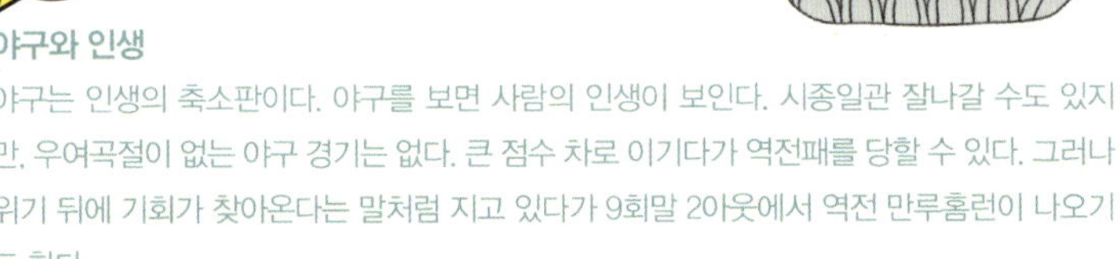

야구와 인생

야구는 인생의 축소판이다. 야구를 보면 사람의 인생이 보인다. 시종일관 잘나갈 수도 있지만, 우여곡절이 없는 야구 경기는 없다. 큰 점수 차로 이기다가 역전패를 당할 수 있다. 그러나 위기 뒤에 기회가 찾아온다는 말처럼 지고 있다가 9회말 2아웃에서 역전 만루홈런이 나오기도 한다.

팀을 봐도 인생과 사회가 보인다. 최고 기량을 갖춘 선수로 구성된 팀이 늘 이기지는 않는다. 실력이 모자란 팀이 집중력을 발휘해 실책을 줄이고 찾아온 기회를 살려 승리할 수 있다. 인생도 좋은 스펙으로 무장한 사람이 꼭 성공하는 것은 아니다. 누구에게나 기회는 찾아오고 그 중 또 누군가는 끝내기 안타의 주인공이 된다. 일타일생, 일구이무, 일구일혼은 인생을 아우르는 야구 명언이다.

　TV 드라마나 영화를 보면 중요한 리포터나 프레젠테이션 자료를 준비하다가 백업을 해 두지 않아 한 방에 날려 버리는 어이없는 장면이 등장하곤 한다. 우리는 그걸 보면서 '저장도 안 하나? 참 바보같다!'라고 생각하는데, 나 또한 야구장에서 기사를 작성하다가 수차례 그런 경험을 했다. 노트북이 빽! 나거나 전원을 연결하지 않고 작업하다가 아웃된 경우이다.

　노트북은 야동(야구동영상)을 많이 저장하거나 게임을 깔아 두지도 않는데 버벅거리다가 제멋대로 멈춰 버리곤 한다. 그런데 기사 한 꼭지를 거의 완성한 상태에서 멈춰 버리면 순간적으로 혈압이 급상승하며 거의 꼭지가 돌아간다.

　이 순간 최고의 선택은 모니터에 보이는 기사의 일부분이라도 사진으로 찍어 두는 것이다. 그대로 컴퓨터를 강제로 재부팅하면 이전 기사는 몽땅 날아가지만, 조금이라도 흔적이 있다면 기사를 재구성할 때 큰 도움이 된다. 쓰고 나면 전작과 비교해 많은 부분이 달라지긴 하지만 말이다.

나갈 수 있겠냐고 묻지 말고 나가라고 말해 달라.
나는 언제나 준비되어 있다.

이상훈(1971~)
2002년 LG 트윈스 소속 당시, 한국시리즈에서 3경기 연속 등판한 뒤 한 말이보다 더 최악의 상황은 기사 작성 프로그램이 다운되면서 화면 자체가 하얗게 먹통이 되거나 배터리 부족으로 컴퓨터가 확 꺼져 버리는 경우이다. 이때는 실낱 같은 낱말 한 조각도 없이 기사 전체를 처음부터 다시 써야 한다. 게다가 마감 시간에 쫓기는 급한 상황이라면 백업을 해 두지 않은 나 자신에 대한 저주와 함께 거의 실성에 가까운 상태를 경험하게 된다.

정해진 시간 내에 마감을 못하면 시말서를 써야 한다. 더 심각한 문제는 인쇄와 배달 자체를 늦춰야 하기에 회사 전체에 막대한 손해를 끼치게 된다는 것이다. 오죽하면 '기사 잘 쓰는 기자보다 마감 시간 잘 맞추는 기자가 훨씬 유능하다'고 선배들이 노래를 부르겠나.

날아간 기사 내용은 가물가물하고 마감 시간이 째깍째깍 다가오면, 그때는 타임머신이 절실히 생각난다. 한 달치 월급을 전부 걸고서라도 당장 시간을 되돌리고 싶다.(하지만 정말 그런 기계가 있다고 해도 기자의 한 달치 월급으로는 턱없이 부족하겠지! 그리고 사회인 야구 리그에서도 가끔 타임머신이 절실할 때가 있다.)

내가 경험한 최악의 순간은, 야구기자로 맞은 첫 번째 포스트시즌 때였다. 큰 경기에서는 평상시보다 2~3배 이상의 취재진이 파견되어 가을잔치를 취재하고 기사화하는데, 경기 후반이 되면 각자 채워야 하는 지면이 정해진다. 포스트시즌 경기는 내일을 기약할 수 없기에 양 팀 선수들을 풀가동하고 이는 경기 막판까지 치열한 접전으로 이어진다. 기자 입장에서는 그만큼 마감 시간에 쫓길 수밖에 없다. 그런데 불운의 여신이 나를 애지중지해 완성판을 앞둔 나의 기사를 홀랑 다 날려 버렸다. 남은 시간은 채 10분이 안 되었고 현장 데스크는 어이 상실 상태였다. 사무실에 있던 부장은 대체 기사 찾기에 돌입했다. 그리고 편집부는 기사가 전송되지 않는 상황까지 감안해 즉각 신문 지면 재구성에 들어갔다.

보이진 않았지만, 수십 명의 눈총이 내 뒤통수에 꽂히는 게 느껴졌다. 반응이 없는 노트북에서 기사가 다시 살아나는 기적은 없고 타임머신도 극장에서나 찾아야 했다. 10월 말의 쌀쌀한 날씨였지만, 나의 등골에는 식은땀이 주르륵 흘렀다. 다른 사람에게 써 달라고 할 수도 없는 상황에서 나는 남은 시간 동안 나의 불행을 저주하며 다시 기사 작성에 들어갔다. 바쁠수록 손가락은 엉뚱한 자판을 두드리며 분초를 깎아 먹었다.

5분 만에 원고지 8매 정도의 기사를 작성했다. 머릿속에서 명멸하던 기억을 초인적으로 끄집어낸 결과였다. 나는 매끄럽지 않은 내용을 다듬고 오타를 확인할 시간도 없이 기사를 전송했다. 그날은 지친 몸에 소주 몇 잔 넣지 않았는데도 금세 취해 버렸다.

기적 같은 순간

나는 기적을 경험하지 못했지만, 동료 사진기자는 자신의 기적 같은 행운을 말해 준 적이 있다. 졌다 하면 1면을 장식하던 유명한 타자가 있었는데 홈런을 친 것이다. 사진기자석의 그는 홈런타자의 타격 순간부터 홈베이스를 밟는 장면까지 팔로우 하며 열심히 셔터를 눌렀다. 그리고 실시간으로 마감을 하려고 카메라 액정 화면을 확인해 보니 "아무것도 안 떴다."는 것이다. 카메라 안에 메모리카드를 넣지 않고 찍은 것이다. 아~ 그때 그의 입에서 나온 탄식은 길고도 길었다. 기사는 보지 못한 것도 쓸 수 있지만, 사진은 현장에서 찍지 못한다면 그것으로 끝이다. 남은 단 한 가지의 생존 방법은 그 타자가 남은 타석에서 다시 한 번 홈런을 치는 것뿐이었다. 하지만 아무리 강타자라도 한 경기에서 연타석 홈런을 치는 확률은 매우 희박하다. 그러나 그는 "절절하고도 절실한 마음으로 기도했다."고 말했다. 그리고 마지막 타석에서 신은 그의 소원을 들어주었다. 홈런 한 방이 더 나오며 그는 지옥에서 천국행 열차에 올라탈 수 있었다.

야구 쓰는 동네 에이스

4루는 없다. 3루 다음에는 종착역이자 시작점인 홈이 기다리고 있다. 이제 야구 좀 아는 나는, 느긋하게 후속타를 기다린다. 그러나 타석의 타자가 긴장감에 마른 침을 삼키고 있는 게 느껴진다. 그가 두려워할 상대는 마운드의 투수가 아니라 '칠 수 있을까'라고 걱정하는 자신이다. 목적지가 바로 앞이지만, 야구가 위대한 점은 매일 위기가 존재한다는 것이다. 새 유니폼으로 갈아입었다. 옥상 위 투수에서 사회인 야구선수를 거쳐 프로야구로 진출했다. 싱글A에서 메이저리그 진입쯤 될까.' 아직 명함을 내밀기에는 수줍다. 그러나 외국어를 잘하기 위해서는 말 자체를 잘하기보다 그 나라의 문화에 대한 이해와 지식이 더 큰 밑천이 된다. 야구를 못한다고 부끄러워할 필요는 없다. 옥상 위 투수, 야구기자로 모드 변환!

돌격!
컴퓨터 앞으로

출장 중이든, 집에서든 아침에 일어나면 가장 먼저 컴퓨터 앞으로 직행한다. 이메일로 날아온 보도자료를 읽고 전날 나온 그리고 새벽에 올라온 경쟁사 기사를 검색한다. 일종의 분위기 파악이다. 내가 썼던 기사의 댓글도 확인한다. 그러고 나서 오전에 마감할 아이템(기사의 제목과 대략적인 내용)을 회사 뉴스 전송 프로그램에 송고한다. 데스크는 각 구단 담당기자의 기사거리를 확인하고 기사 작성을 지시한다. 기사가 겹치거나 균형감이 필요할 경우 데스크가 중간에서 정리를 한다. 데스크는 신문 지면의 마감과 포털 사이트에 제공하는 온라인 마감의 게이트키핑 역할을 한다. 속보 기사인 경우 현장 기자가 온라인 마감까지 처리한다.

최근 온라인 시스템이 활성화되어 기자들이 현장이나 집에서 마감하는 것이 가능하다. 불과 2000년대 후반까지만 해도 아침에 회사 사무실로 출근해 머리를 맞대고 아이템 회의 과정을 거쳐 기사 작성에 들어가는 지면 위주의 시스템이었다. 오전과 야구 경기가 끝난 야간에 맞춰 신문을 찍던 조-석간 체제에서는 지면이 한정되어 있어

노을 지는 대구 시민구장
지은 지 60년이 넘은 오래된 야구장이다. 열악한 야구장 시설과
달리 해질 무렵 구장이 담아 내는 풍경은 국내 최고이다.

누가 어떤 기사를 어느 정도 분량으로 쓸지를 정하는 사전 조율 작업이 필수적이었다. 하지만 이제는 미리 작성된 기사 중에서 취합하거나 조금 더 보완해 지면에 싣는 쪽으로 변화했다.

오전 마감을 마치면 출근할 준비를 한다. 목적지는 야구장이다. 이동 중에 담당 팀 소식을 살펴보고 머릿속을 어제 경기와 오늘 벌어질 경기 내용 등으로 채운다. 그러면 자연스럽게 취재할 부분이 그려진다. 야구장에 가서는 나의 지식을 질문으로 바꾼다. 그리고 돌아오는 답변으로 수첩을 채운다.

대개 야간 경기가 끝나면 100m 달리기 선수처럼 기사 마감을 한다. 하루의 마지막도 노트북 앞이다. 손가락 끝에 노트북이 계속 연결되어 있는 묘한 기분이다. 오늘 일이 끝났지만, 내일 어떤 기사를 써야 할지 머리가 계속 공회전하는 느낌도 있다. 이왕이면 멋진 기사를 써 보자고 다짐하며 스스로 마침표를 찍어 본다.

게이트 키핑

어떤 메시지가 선택되거나 거부되는 것을 뜻하는데, 미디어의 경우 해당 조직 내에서 각 데스크나 편집자와 같은 뉴스 결정권자에 의해 취재된 기사가 취사와 선택, 때로 교정되는 과정을 의미한다.

야구장 첫인상, 부끄러워요

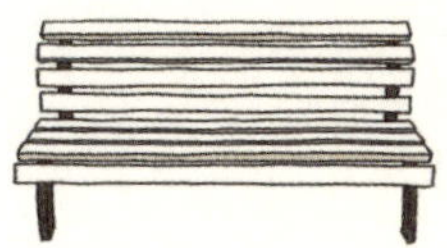

몇 년 동안 사회인 야구를 했지만, 프로야구 구장은 거의 찾지 않았다. 사진이나 TV에서 보던 야구장의 모습은 미국이나 일본 구장에 비해 초라해 보이긴 했지만, 막상 와서 보니 기대 이하였다.

잘 알려진 대로 삼성이 홈으로 쓰는 대구 구장은 한때 복도에 철제 빔이 세워져 있었다. 붕괴를 막기 위한 목적이었다. 2000년대 후반, 삼성 사령탑이던 선동렬 감독은 일본에서 야구 관계자나 지인들이 대구구장을 찾을 때마다 부끄러웠다고 고백하기도 했다. KIA 타이거즈의 홈구장도 대동소이하다. 다행히 대구와 광주는 새로운 구장을 짓고 있다. KIA는 2014년부터 새 구장에서 시즌을 시작했다.

한국 프로야구의 중심인 잠실 야구장도 자랑할 만한 수준은 아니다. 원정팀의 경우 라커가 제대로 갖추어져 있지 않아 선수들은 복도에 짐을 풀어야 했다. 지금은 복도에 합판으로 야구가방이 들어갈 만한 간이 박스를 만들어 둔 상태이다. 기자실도 마찬가지였다. 맨 앞 좌석은 그라운드가 보이지 않고 두꺼운 기둥이 시야를 방해했다. 물

론 녹색그물로 눈이 피곤한 관중석보다는 나았지만 말이다. 그래도
점점 좋은 쪽으로 개선되고 있어 다행이다.

대구 시민구장 기자실에서 본 두산과 삼성의 2013시즌 개막전
침침한 녹색그물과 함께 중간에 창틀까지 그라운드를 가로막고 있다. 때로는 기자실에 앉아 야구를
보면서, TV로 시청하는 것보다 못하다는 생각이 들곤 한다. 통합 우승 3연패에 빛나는 삼성 라이온즈
의 구장으로 보기에는 초라하다.

돔구장 건설 촉구 퍼포먼스
한국에는 제대로 된 돔구장이 없다. 고척돔이 있지
만, 팬을 위한 프로야구를 하기에 교통 등 입지 조
건이 최적화된 곳은 아니다. 한국 야구 100주년 기
념으로 돔구장 건설을 촉구하는 2005년 우승팀
삼성 선수단의 퍼포먼스가 눈길을 끌었다.

역사 속 야구장

이제는 역사 속으로 사라진 동대문 야구장(오른쪽), 왼쪽으로 동대문 운동장이 보인다. 동대문 야구장은 1925년에 지어졌고 프로야구 출범 이전 학생야구의 메카였다. 1982년 프로야구 개막 경기도 이곳에서 열렸다. 오랜 세월 선수들의 굵은 땀과 관중의 환호가 어우러지던 이곳은 '동대문 풍물 벼룩시장'에 자리는 내준 뒤 결국 철거되어 사라졌다. 대신 이 자리에 동대문 디자인 플라자가 들어섰다. 많은 야구인의 반대는 묵살되었다.

2010년 광주 무등구장

앉으면 앞 사람 등에 무릎이 닿고 30분만 앉아 있으면 허리가 아파오는 낮은 등받이의 의자. 게다가 금 가고 깨진 의자가 부지기수이다. 매점, 화장실 등의 시설도 열악하기 그지없고 계단의 경사는 위태롭기만 하다. 관리가 되지 않는 야구장 곳곳은 쓰레기에 뒤덮여 있으며 선수 더그아웃도 보여 주기가 부끄러울 정도로 낙후되어 있다. 무등구장은 1965년 제48회 전국체전을 대비해 지어졌다.(2014시즌부터 KIA 타이거즈는 새로운 구장에서 시즌을 시작했다.)

야구 기자 24시

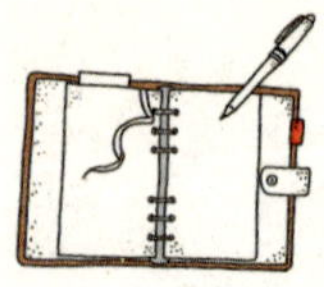

경기 시작 3시간 전

저녁 6시 30분 경기인 경우, 홈팀 선수들은 오후 2시면 하나둘씩 모습을 나타낸다. 점심 무렵부터 나와 특타(정규 훈련 시간 외 타격 훈련을 더 하는 것)를 치는 선수도 있다. 선수단 전체 운동은 스트레칭과 가벼운 워밍업으로 시작하는데, 대부분 3시 전후이다. 야구기자의 출근 시간도 이때쯤으로 맞춰진다. 선수들은 가벼운 몸 풀기 후 포지션별 훈련에 들어간다. 야수는 타격과 수비, 투수는 러닝과 캐치볼, 불펜피칭 등을 소화한다. 모든 훈련은 4시 30분이면 끝난다. 훈련 종료 5분 전, 이미 훈련을 마친 선수들이 더그아웃에서 대기하고 있다. 그라운드에 흩어져 있는 공을 정리하기 위해서이다. 공 줍는 속도는 신참일수록 날렵하다. 한편 이미 며칠 동안 등판 준비를 해 온 선발 투수는 이때쯤 출근한다. 다른 선수들에 비하면 느지막한 출근이다.

원정팀은 늦어도 오후 4시면 구단버스를 타고 야구장에 도착한다. 그리고 30분 후 원정팀이 했던 것과 흡사한 방법으로 훈련을 시작한다. 7~8월의 혹서기처럼 체력 소모가 많거나 연패 중인 원정 팀은 분

야구는 음악이 없는 발레이며 대사 없는 드라마다.

어니 하웰(1955~)
디트로이트 타이거스의 캐스터로 명예의 전당에 헌액

위기 전환을 위해 조금 더 늦은 5시쯤 오는 경우도 있다. 무리하지 않고 가벼운 훈련으로 컨디션을 끌어올린다.

취재

선수들의 워밍업이 시작되면 기자들도 더그아웃으로 향한다. 오가는 선수들과 인사를 나누고 안부를 묻는다. 친밀한 선수와의 대화는 조금 더 길어진다. 그렇다고 오래 이어지지는 않는다. 선수들의 훈련에 방해를 끼치지 말아야 하는 것은 불문율이다. 주요 취재 대상이 있다면 구단 홍보팀에 이야기해 따로 인터뷰 시간을 잡는다. 또는 훈련을 마친 선수가 쉬는 시간을 이용해 취재한다. 기민한 홍보팀은 알리고 싶은 선수나 이슈가 되는 선수를 미리 섭외해 취재진과의 인터뷰를 진행하기도 한다.

경기 전에 빼놓을 수 없는 취재 대상자는 감독이다. 경기 운영의 총책임자이기 때문이다. 감독을 통해 그날 경기를 어떻게 풀어갈지 들을 수 있다. 곧 펼쳐질 경기를 보면서 감독의 경기 전 구상이 잘 맞아떨어지는지, 삼천포로 빠지는지 살펴보는 것도 또 다른 재미이다.

연승 중인 감독과의 인터뷰 시간은 자연스럽게 길어진다. 유쾌한 토크쇼처럼 여기저기서 웃음소리도 터져 나온다. 반대로 상황이 좋지 않은 팀의 사령탑은 말을 아끼는 편이다. 연패가 길어지면 감독이 인터뷰를 고사하기도 한다. 그 심정은 충분히 이해하지만, 기자 입장에서는 조금 아쉽다. 잔칫집만 놓고 기사를 쓰는 게 아니기 때문이다. 야구장은 일희일비가 매일같이 반복되는 세계이다. 언제나 밝은 쪽만 전할 수는 없다.

더그아웃 취재는 경기 시작 30분 전까지이다. 오후 2시에 시작하는 낮 경기는 그만큼 훈련 일정 등의 시간이 더 당겨진다고 보면 된다.

경기 시작 30분 전

이미 마감은 시작된다. 경기의 뚜껑이 열리기 전부터 손이 바쁘다. 더그아웃 취재를 마치고 기자실로 오면 경기 시작까지 남은 시간은 채 30분이 되지 않는데, 우선 기록지에 양 팀의 선수 이름을 기입한다. 그리고 더그아웃에서 취재한 내용을 정리하고 그중에 기사가 될 만한 것은 기사로 만들어 전송한다. 그러다 보면 이미 경기는 시작되어 있다.

출근 시간을 묻지 마세요

연패 중인 팀이 연승 중인 팀과 만났다. 그런데 연승가도를 달리던 원정팀이 오후 5시가 넘어도 더그아웃에 나타나지 않았다. 그러자 연패중인 홈팀 감독은 반대편 더그아웃을 향해 '썩소'를 날리며 "우리를 무시하는 건가."라고 불편한 심기를 드러냈다. 상대팀이 훈련을 적당히 해도 될 만큼 자신의 팀이 만만하게 보이는 게 기분 나빴던 것이다. 하지만 그날도 그 팀은 또 졌다. 어쨌든 연승 중인 팀도 감독의 판단 하에 컨디션 조절을 위해 출근 시간을 조정하기도 한다.

온라인 매체는 중요한 경기 상황이 나오면 그때그때 기사화한다. 선발투수와 홈런타자의 간략한 내용이 주로 기사가 되어 나간다. 승부처가 될 만한 상황도 잊지 않고 챙긴다.

신문의 경우 온라인 기사와 지면 기사가 동시에 진행된다. 무한지면인 온라인과 달리 신문 지면에 들어가는 기사는 회사의 야간 데스크와의 조율이 필요하다. 상황의 중요성이나 기사 형식에 따라 원고지 매수가 달라진다. 한창 기사 작성에 몰두하고 있다가 대폭 축소나 킬(Kill) 되는 경우도 생긴다. 다른 구장에서 더 중요한 상황이 발생하는 경우이다.

경기 종료 30분 후

경기가 끝나면 마감에 가속도가 붙는다. 원래 발등에 불이 떨어져야 일에 속도가 더 나는 법. 그런데 매우 난처한 경우가 있다. 경기 종료 직전 대역전극이 펼쳐진 때이다. 신문은 인쇄 시간이 정해져 있다. 가능한 한 빨리 찍어 지방 곳곳으로 배달해야 한다. 경천동지할 일이 아니면 인쇄기를 멈출 수 없다. 결국 현장에서 기자가 빨리 전송하는 게 유일무이한 해결 방법이다. 끝내기 안타나 상대 실책으로 경기가 뒤집혔다는 것은, 경기 중에 틈틈이 준비했던 기사 내용 자체도 뒤집어야 한다는 의미이다. 스포츠신문의 최종 마감은 편집까지 감안하면 밤 10시 30분 전후이다. 만약 경기가 10시 20분에 끝났다면 주어진 시간은 10분. 초인적인 집중력이 필요한 시간이다. 이때 기자실은 자판 두들기는 소리만 요란하다. 가끔 욕(?)과 함께 한숨 소리도 새어 나온다.

그래서 나온 방법이 하나 있다. 상황이 애매하게 흘러갈 때면 두 가지 버전의 기사를 같이 준비하기도 한다. 그대로 가는 것과 역전되는 것을 모두 염두에 두는 것이다. 데드라인의 덫을 피하는 나름의 방법이다.

경기 내용을 다루는 기사 외에 경기 후 감독과 선수 코멘트, 팀과 선수의 연속 기록, 다음날 등판하는 선발투수를 지면에 맞게끔 가공해 전송하는 일도 잊어선 안 된다.

기자라면 가끔 손 털고 퇴근했다가 그날의 자잘한(?) 기록(데이터베이스)을 보내지 않아 퇴근길 버스나 전철 안에서 노트북을 다시 펼친 경험이 있을 것이다.

야구장에서 취재진의 출근은 홈팀 선수들보다 늦다. 하지만 퇴근은 취재진이 훨씬 더 늦다. 모든 선수들이 떠나고 야구장의 불이 꺼져도 기자실 불은 꺼지지 않는다. 그날 경기 내용을 글로 바꾸는 작업은 오래 이어진다.

쳇바퀴처럼 돌고 도는 야구 시계

　프로야구는 3월 시범경기를 시작으로 4월 정식 개막에서 초여름 까지의 전반기, 7월 올스타브레이크(휴식 시간) 이후 4강 싸움이 치 열해지는 후반기로 나눌 수 있다. 포스트시즌은 10월에 시작해 한 달 동안 한국시리즈 우승팀을 가리게 된다. 팀당 130여 경기에 달하는 6개월의 장기 레이스이다. 야구 취재를 하다 보면 1년의 반이 훌쩍 지나간다. "이제 시작입니다."라고 말하며 시즌 개막을 준비하던 감 독과 선수들은 여름이 지나 서늘한 바람이 불면 다들 "벌써 가을이 네요."라고 말하며 아쉬워한다. 4월의 봄이 엊그제처럼 느껴진다는 표정과 함께. 그 6개월은 순식간에 지나가는 하루하루가 모인 결과 이다.

　휴식일인 월요일을 제외하고 프로야구는 매일 벌어진다. 3차전씩 진행되기에 주중에 3경기를 마치면 원정 경기를 떠난다. 2013시즌 과 2014시즌은 9개 팀으로 운영됐기에 후반에는 2연전씩 편성되었 다. 홈과 원정 경기를 치르면 일주일이 훌쩍 지나간다. 타 종목에 비 해 쉬는 날이 적은 편이고 경기 시간도 길다. 하루하루 경기에 열중

하다 보면 일주일, 한 달 그리고 반년이 금방 지나간다. 빛의 속도로 날아가는 우주선에서는 시간이 늦게 흐른다고 하는데, 야구장을 둘러싼 시간은 오히려 빨리 흐른다.

야구는 반복의 연속이다. 다람쥐가 쳇바퀴를 도는 것과 똑같다. 삼성 라이온즈의 류중일 감독은 선수들이 훈련하는 모습을 보며 이렇게 말했다.

"미국이고 일본이고 똑같다. 똑같이 치고 받고 훈련한다. 시간도 똑같다. 집합 시간도 그렇고 수비 훈련, 타격 훈련, 미팅까지 거의 비슷하다."

전지훈련지에서도 다람쥐는 쳇바퀴를 돈다. 류 감독은 "스프링캠프도 마찬가지이다. 아침 일찍 모여 밥 먹고 매일 같은 시간에 훈련장에 간다. 그리고 일정한 순서대로 똑같은 훈련을 50일간 반복한다. 주변에 즐길 거리도 없다. 매일 보는 남자들을 또 본다."라고 말하며 홍소를 터뜨렸다.

정규 시즌뿐 아니라 정규 시즌을 준비하는 기간도 반복의 연속이라는 것. 그러면서 류 감독은 "반복 훈련의 연속에서 자신의 것을 찾아내고 발전시켜야 성장한다."고 했다.

반복은 때로 지루함을 만들지만, 돌아보면 시간은 어느새 생각보다 멀리 흘러간다. 삶 자체가 원래 그렇다. 정도의 차이가 있을 뿐.

가을의 끝 무렵, 정규 시즌 우승팀에 이어 한국시리즈 챔피언이 가려지며 야구는 8개월의 대장정을 마친다.

겨울이 되면 매년 그렇듯 선수단은 짐을 꾸려 전지훈련을 떠난다. 겨울방학은 없다. 기자도 마찬가지이다. 신문사는 회사고 기자는 직장인이다. 사원을 놀리는 회사는 없다. 그리고 지면은 언제나 열려 있다. 야구 경기로 채워졌던 그 지면을 다른 무언가로 채워야 한다. 무엇보다 신문을 기다리는 고마운 독자가 있다.

겨울 스포츠인 농구가 있지만 지면 배정은 야구가 차지하는 비중이 더 크다. 농구팬들에게는 미안하지만, 대중적 인기에 따른 어쩔 수 없는 배정이다. 그래서 농한기인 겨울에도 야구 기사를 써야 한다. 무엇을 쓸까. FA 계약, 연봉 계약, 각종 시상식이 마무리될 무렵이면 각 팀들은 따뜻한 곳을 찾아 떠난다. 가까이는 일본, 멀리는 미국으로 향한다. 겨울야구는 전지훈련이고 기사는 내년을 향한 스프링캠프 소식으로 채워진다.

2005년 삼성 우승 당시 포수 진갑용이 마무리 투수 오승
환에게 안기고 있다(왼쪽). 그런데 우승 후에는 투수가
포수에게 안기는 게 일반적이었다. 그래서일까. 다음 해
인 2006년 우승이 확정된 순간(오른쪽)에는 오승환이
진갑용에게 정상적으로 안겨 있다.

1년 농사짓는 농부의 마음

나의 경우 경기는 잠에서 깨는 순간부터 시작된다.
레지 잭슨(1946~)
뉴욕 양키스의 강타자로 통산 563홈런으로 500홈런 가입자. 1993년에 명예의 전당에 헌액

1년 사계절을 놓고 보면 시기마다 기사를 쓰는 톤에 미묘한 변화가 있다. 1년 농사를 짓는 농부의 마음과 비슷하다. 새로운 시즌이 시작하는 봄이면 만물이 희망을 품고 만개한다. 개막한 야구장에서도 희망의 노래가 팡파르처럼 울려 퍼진다. 새로운 시작은 지난 과거의 아픔을 지운다. 이때의 야구 기사는 희망적이다. 설령 개막 초반부터 부진한 선수라도 점점 나아질 거라는 청신호에 무게 중심을 둔다. 한 시즌을 준비하는 스프링캠프도 마찬가지이다. 특히 승부의 세계에서 잠시 비껴 나가 있는 전지훈련지에서는 모두가 잘될 거라는 기대감에 차 있다. 시작도 하기 전에 부정적인 생각을 하는 구단 관계자와 선수는 아무도 없다.

봄이 지나고 여름이 되면 성적의 윤곽이 조금씩 드러난다. 성공

과 실패의 기미가 보인다. 꾸준한 믿음을 보였던 팬들의 인내도 더운 기운과 함께 말라가는 시기이다. 대개 가을 잔치를 준비하는 4강팀이 이때 가려지기 시작한다. 각 팀 감독들은 무더위가 기승을 부리는 7~8월을 승부수를 던져야 하는 시기로 본다. 4강 싸움에 관한 기사가 나오기 시작한다.

가을은 수확의 계절이다. 9월이면 정규 시즌은 끝난다. 포스트시즌에 들어가는 4개 팀은 이제 우승이라는 더욱 달콤한 열매를 따기 위해 팀을 재정비한다. 4강에 탈락한 팀도 가을은 수확의 계절이다. 단 이번이 아닌 다음 시즌 수확을 기대한다. 가을은 모든 팀의 재정비 기간이다. 야구 기사는 정규 시즌 순위 관련에서 포스트시즌으로 이동한다.

가을 잔치인 준플레이오프와 플레이오프를 거쳐 한국시리즈까지 끝난 겨울은 농한기이다. 야구장은 눈이 쌓이며 휴식기에 들어간다. 그러나 선수들은 장소를 옮겨 다음을 준비한다.

하와이에서 띄워 보낸 마음
두산 시절 박명환(왼쪽)과 손혁(오른쪽)이 하와이 숙소에서 태평양 너머 있는 가족에게 하트를 그려 보내고 있다. 피 말리는 정규 시즌이 끝난 뒤 다음 시즌을 준비하기 위해 찾은 스프링캠프의 분위기는 따뜻한 날씨만큼 사뭇 자유롭고 여유롭다. 박명환은 2013년 NC에 입단하며 제2의 선수 생활을 위해 구슬땀을 흘리고 있고 손혁은 은퇴 후 저술 활동과 함께 야구 해설가로 활약 중이다.

12월 한 달간의 짧은 휴식을 마치고 1월 중순이면 해외전지훈련 시즌이다. 날씨가 더운 동남아시아와 미국 쪽으로 이동해 구슬땀을 흘린다. 2차 전훈지는 대개 일본의 남쪽 지방이다. 국내 프로야구 개막 기온에 맞춰 몸을 만들 수 있고 일본 팀과의 연습 경기로 실전 감각을 끌어올릴 수 있다.

야구기자와 스튜어디스

기자는 출장이 많다. 근무처가 고정되어 있는 사무실 책상이 아닌 현장이라 그렇다. 급하면 길바닥에 앉아 노트북을 펼치고 기사를 작성해 마감을 한다. 때와 장소를 가리지 않는다. 야구기자의 주된 근무지는 한국과 외국의 야구장이다. 야구를 하는 나라에서는 월요일을 제외하곤 시즌 중에 매일같이 야구를 한다. 야구기자는 노트북과 기록지를 챙겨 시즌 중에는 떠돌이 생활을 한다. 국내에서는 한 번 출장에 짧게는 3연전, 길게는 6연전을 본다. 그 생활을 시즌 내내 소화한다. 출장을 갔다 와 주로 월요일에 쉬니, 주변에선 백수로 오해받기도 한다. 일주일이 시작하는 날, 집 근처를 어슬렁거리면 그렇다. 국내가 아닌 외국, 주로 미국의 메이저리그 취재는 좀 더 길다. 특파원은 최소 6개월 이상, 길면 2~3년 정도 해외에 나가 있어야 한다. 선배 중에 승무원과 결혼한 야구기자가 있었다. 승무원도 출장이 잦은 대표적인 직업이다. 기자와 승무원이 만나 결혼을 했으니 다음 상황은 예상대로이다. 그 선배는 부부의 스케줄이 어긋나자 6개월간 서로 얼굴을 보지 못한 경우가 있었다고 토로했다. 그러다 극적인 상봉이 이루어졌다. 6개월 만에 LA행 비행기 안에서 만났다고 한다. 믿거나 말거나. 어찌됐든 주말 부부도 아닌 분기별 선배 부부네는 아직도 신혼처럼 알콩달콩 살고 있다.

<h1>기록지는
야구를 담는 그릇</h1>

　야구기자와 떼래야 뗄 수 없는 게 있다. 야구 기록지이다. 그것에는 무수한 빈칸에 많은 숫자와 알파벳, 낯선 모양의 기호가 빽빽하게 적혀 있다. 마치 암호문 같다. 기록지에 비하면 전광판 숫자와 영어는 애교 수준이다. 그러나 기록지는 야구기자의 밑천이다. 그 기록 속에는 그날 선수들이 펼친 각종 플레이가 숨겨져 있다.

　처음에는 기록을 하는 것 자체가 힘들었다. 안타와 삼진, 병살 등 각 상황에 따라 기록하는 것 자체가 낯설었다. 일단 상황을 표시하는 암호 같은 그것들을 외워야 했다. 그리고 경기를 보며 기록하는 연습을 꾸준히 했다. 그러나 조금 자신감이 붙은 후에도 작성된 기록지를 보고 해독하는 데는 시간이 조금 더 필요했다. 글자는 읽어도 의미를 잘 모르는 그런 수준이었다. 당시 데스크가 팩스로 들어온 기록지를 내게 건네며 어떤 선수의 기록을 물어보는데 말문이 턱 막혔던 기억이 난다. 테스트 삼아 물어본 것이었겠지만, 어쨌든 마감 시간이 바빴던 탓에 그는 자기가 직접 기록지를 보고 필요한 부분을 확인해야 했다. 지금의 나는 기록지의 기호 사이에서 기사 아이템을 찾아낼 만

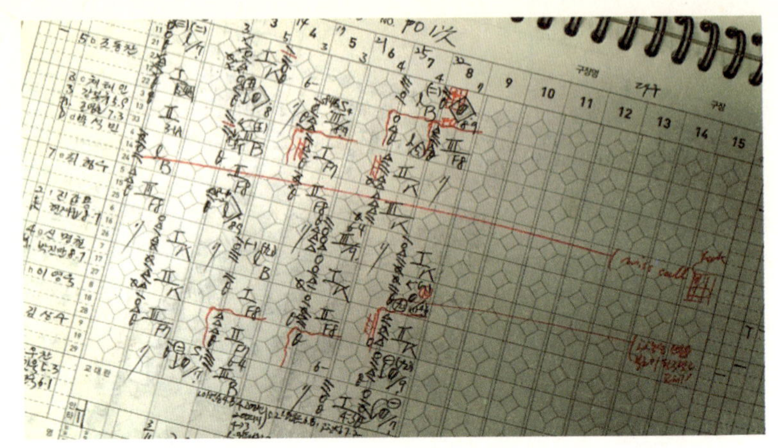

큼 조금 나아졌다.

　야구기자는 자신이 취재한 경기가 아닌 경우도 마감을 해야 할 때
가 있기에 기록지 작성과 해석은 필수이다. 그리고 무엇보다 야구는
기록의 스포츠이다.

프로야구 여기자로 살아간다는 것

프로야구 취재 3년차인 내가 야구기자로 발을 내딛고 선배에게 들은 가장 첫 조언은 "치마 입지 마라."였다. 프로야구를 취재하는 여기자들은 평소 치마, 민소매, 깊게 파인 옷을 입지 않고, 샌들을 잘 신지 않으며 짙은 염색이나 화장을 하지 않는 것이 불문율이다. 기호에 따라 조금씩 차이가 있기는 하지만 예전부터 '선수들의 운동에 방해가 되지 않게 취재를 하자'는 것이 여기자들의 원칙이다. 이런 이야기를 하면 사실 선수들은 코웃음을 친다. '기자들이 치마를 입는다고 선수들이 흔들리냐'는 장난 섞인 비난(?)이 날아오곤 한다. 그러면 가끔 이건 심하지 않느냐며 볼멘소리를 하기도 하지만 취재에 편한 바지와 운동화 착용에 익숙해지고 있는 것이 사실이다.

선수들이 그렇게 장난을 칠 만큼 선수들과의 관계가 부드러운 것 역시 여기자들의 특징이다. 선수들이 아무래도 누나 같거나 여동생 같은 여기자들에게 더 친근감 있게 대하는 것 같다. 그래서 특히 섬세함과 부드러움을 필요로 하는 취재에는 여기자들이 많이 출동한다.

프로야구 현장에 상근하는 여기자는 매체를 모두 합쳐 20명 정도이다. 전체 기자 중 10%가 조금 안 되는 비율이다. 1990년대까지는 여자의 더그아웃 출입이 제한되었다고 들었다. 그러나 최근에는 스포츠 아나운서와 여기자가 많아지면서 더그아웃에도 여성이 많이 늘어나고 있다.

여기자들의 취재 생활은 남자 기자와 똑같다. 출장과 야근을 밥 먹듯이 하는 생활이 가끔 힘에 부치기도 하지만 여기자들은 '여자라서 안 된다'는 말을 가장 싫어한다. 여기자들이 연약해 보일지라도 취재력과 의욕은 남자 기자들 못지않다고 자부한다.

다만 야구에 대한 지식은 남자들을 따라가기 힘든 경우가 많다. 야구를 직접 해 보지 않은 경우가 많기 때문에 '귀로 쌓은' 야구 지식이 많다. 그래서 야구 기술이나 작전에 대해 친절하게 설명해 주는 감독, 선수들은 여기자들에게 가장 고마운 존재이다. 그래도 어느 정도 경력이 쌓이면 웬만한 남자 못지않다. 야구기자가 된 뒤 부모님이 가장 걱정하는 것은 '시집은 갈 수 있느냐'는 것이다. 주말에도 경기가 있고 매일 밤 10~11시에 퇴근을 하기 때문에 남자는커녕 친구를 만날 시간도 제대로 만들지 못한다. 여기자뿐 아니라 야구기자라는 직업, 결코 만만치 않다.

야구판에 뛰어든 여자로서 현실적인 벽을 느낄 때가 종종 있다. 선수들의 도 넘은 장난에 가끔 상처를 받기도 한다. 가끔 있는 네티즌들의 원색적인 공격도 일에 대한 회의감을 느끼게 한다. 그러나 야구를 좋아하고 선수들을 아끼는 마음에 오늘도 미니백 대신 노트북 가방을 짊어지고 '남자들의 세계' 야구장으로 향한다.
_OSEN 고유라 기자

오타와의 전쟁

'중졸이냐?', '개나 소나 기자하겠다!'라는 댓글이 기사에 만약 달려 있다면? 이는 십중팔구 기사 중에 오타가 있는 상황이다.

문맥에 크게 문제가 있는 경우는 많지 않지만, 특정 네티즌은 기사 내용보다 오타에 매우 뜨거운 반응을 보인다. 다 관심의 표현이라 생각하고 나는 발견 즉시 재빨리 고친다.

왜 간혹 기사에 오타가 발생할까? 몇 가지 이유가 있다. 우선 구조적인 문제이다. 대다수의 기자는 신속 정확한 기사를 만들기 위해 맹렬히 자판을 두드린다. 일간지 기자는 신문 제작 마감 시간을 맞추기 위해서, 온라인 기자들은 경쟁사보다 빨리 인터넷에 쏘기 위해서 속보 전쟁을 치른다. 그런데 마음이 급해지면 실수가 찾아온다.

특히 야구 기사는 일반 기사에 비해 오타가 상대적으로 많다. 야구의 특성 때문이다. 야구는 다른 종목에 비해 수치화되는 부분이 많다.

야구는 1회부터 9회까지, 1번 타자에서 9번 타자가 순서대로 나와 1루에서 2, 3루를 거쳐 홈을 향해 진격한다. 경기 중 대부분의 상황과 선수별 성적은 곧바로 수치화된다. 투수는 승패, 방어율, WHIP, ERA 등이 다양하게 숫자로 기록된다. 타자 역시 타율, 타점, 득점의 기본적인 것부터 시작하여 주자 상황별 타율, 득점권 타율, 투수별 상대 기록 등으로 세밀하게 나뉜다.

야구 기사는 이런 기록들이 바탕이 되어 구성된다. 고백하건데 숫자에 약한 나는 간혹 틀리곤 한다. 쓰고 나서 꼼꼼히 보면 되지 않느냐고 지적하는 독자도 있다. 오타 발생에 대한 변명을 하지 마라는 것이다. 당연한 지적이다. 그런데 신기하게도 오타는 숨겨진 보물처럼 잘도 숨는다. 기사를 쓰고 전송하기 전에 꼼꼼하게 읽는데도 숨어서 모습을 잘 보이지 않는다. 원래 찾으려 하면 잘 안 보이는 게 세상 이치라고 매번 가르쳐 주는 것 같다.

변명 하나 더! 야구장에서 기사 한 꼭지만 쓴다면 오타와의 영원한 작별이 가능하다고 본다. 그러나 아쉽게도 야구기자는 야구장에서 다수의 기사를 생산한다. 스트레이트 기사는 기본이고 상황별 이슈나 승부처를 기사화해야 하고 수훈 선수도 따로 챙겨야 한다. 때로는 심층 분석 기사도 작성한다. 그런 기사들은 경기상보, 박스, 스트레이트, 스타, 현장 속으로, 시선 집중, 집중 분석, 한마디 등으로 세분화되어 독자와 만난다. 집현전 학자들도 짧은 시간 내에 많은 기사를 만들어 내야 한다면, 분명 오타가 없을 것이라고 장담 못할 것이다.

욕하지 맙시다

야구를 보다 보면 선수들의 입에서 험한 욕이 튀어나오는 것을 심심찮게 볼 수 있다. 들리지는 않아도 입 모양만 봐도 알 수 있는 욕이다. 그들의 욕이 그라운드에 수류탄 파편처럼 흩어진다. 수많은 눈이 관중석에서, TV에서 그들을 지켜보고 있다. 야구뿐 아니라 다양한 종목의 선수들이 감정을 억누르지 못해 거침없이 욕을 날린다. 그중 대표적인게 '18'이다. 이 욕은 '네 어미랑 XX를 할 놈'의 준말이다. 어린이들의 꿈과 희망이라는 프로야구에서 어미와의 통정을 의미하는 그런 짐승 같은 욕은 당장 근절되어야 한다.

짜장면 배달 왔어요

눈썰미 있는 시청자는 경기 중 야구장 기자실에서 밥 먹는 기자들의 모습을 찾을 수 있다. 포수 뒤쪽에 기자실이 자리 잡고 있는 목동 구장과 광주 무등구장은 외야에서 투수와 타자를 함께 잡는 카메라 한켠으로 기자들의 모습이 보인다. 그리고 경기 시작 직후 밥 먹는 기자들의 모습도 얼핏 드러난다. 기자들은 왜 경기를 하고 있는데 밥을 먹는 것일까. 이유는 경기 전 빠듯한 취재 일정으로 밥 먹을 틈이 없기 때문이다.

경기 전 더그아웃은 경기 시작 30분 전(6시 30분 경기면 6시)까지 개방되는데 그때까지 감독과 선수들을 만나 취재한 내용을 정리하고 마감하다 보면 어느새 경기가 시작된다.

6시쯤 주문한 식사도 경기가 시작할 때쯤 배달된다. 그때부터는 마감과 식사 그리고 경기 내용 기록이 동시에 이루어진다. 옥상에서 막 내려온 초보기자에게는 쉽지 않은 일이었다. 식사가 차갑게 식는 일이 일상적이었다.

베테랑 기자는 야구를 보면서 한 손으로 밥을 먹고 다른 한 손으

로는 기록을 한다. 그러면서 기사를 작성하는 것은 기본이다. 여기에
타 경기장 상황을 확인하며 주변 기자들과의 농담 따먹기도 잊지 않
는다. 이쯤 되어야 진정한 야구기자가 되었다고 말할 수 있다.

선수들은 경기 전에 저녁을 먹지 않고 경기가 끝난 뒤 식사를 한
다. 경기 전에는 주로 공복을 해소할 정도의 적은 양을 먹는다. 경기
중 집중력을 유지하기 위해서이다. 그래서 야구선수들의 저녁 식사
시간은 일반인에 비해 늦은 편이다. 따라서 잠을 자는 시간, 기상 시
간도 늦다.

기자실 저녁 메뉴 1위는 짜장면이다. 몇 가지 이유가 있다. 우선 주
문과 함께 배달이 시작되는 신속성이다. 기자실의 좁은 책상 위에 산
해진미를 펼쳐 놓고 여유롭게 식사하는 것은 사치이다. 긴박하게 돌
아가는 그라운드 상황을 놓치지 않으려면 빨리 식사를 끝내야 한다.
그래서 짜장면과 짬뽕은 기자실 최고의 메뉴이다. 젓가락질 몇 번으
로 끝나는 짜장면이 왠지 허전하면 따뜻한 국물의 짬뽕을 주문한다.
기록지와 옷에 점점이 박히는 빨간 흔적만 무시할 수 있다면 강추 메
뉴이다. 밥을 먹어야 한다면 짬뽕밥이 선택을 기다린다.

시대의 요구에 민첩하게 대처한 중국음식의 변신도 신선하다. 짬
뽕과 짜장면 사이의 고민을 덜어 주는 메뉴가 속속 개발되었다. 짬
짜면을 시작으로 짬볶음, 짬탕수까지 메뉴가 늘어났다. 야구장 중국
집 1위는 인천 문학구장 근처에 있는 ○○반점이다. 중국집이 가장
먼저 자리 잡은 지역 특성 때문인지 몰라도 그곳 짬뽕은 전국 야구
장에서 최고로 손꼽힌다. 선수단도 구장 내 식당에서 경기 전 간단하
게 식사를 하지만, 때로는 중국집에서 배달해 먹기도 한다. 모 감독

은 짬뽕을 즐겨 시키는데 팀이 연승 중이면 그 메뉴는 바뀌지 않는다. 대구 구장 근처의 중국집은 매운 볶음 우동의 종류인 일명 '야끼 우동'이 유명하다.

하지만 기자실에도 웰빙 바람이 불었다. 10년 전에 금연 지역으로 지정되었고 음식도 패스트푸드보다 한식으로 바뀌는 추세이다. 광주 무등구장의 곰탕과 목동 구장의 제육볶음의 선호도가 높다. 잠실 구장은 선수 식당의 고열량 뷔페를 함께 이용한다.

야구장에선
야구 기사만 쓸래요

어느 봄날, 인천의 문학구장에서 경기 전 취재를 하고 있는데 데스크로부터 전화가 왔다. 어제 고생했다며 오늘은 경기가 그리 중요하지 않으니 편하게 즐기라는 것이었다. 전날 나는 손이 많이 가는 분석 기사와 현장 기사 그리고 스트레이트에 여러 가지 가십성 박스까지 기사를 토해 내듯이 썼다. 야구는 거의 보기 힘들 만큼 기사를 쓰느라 경기 내내 바빴다. 그런 것을 알아주듯이 부장은 내게 기사를 잘 썼다며 칭찬까지 해 주었다. 자판기처럼 일했던 나는 내심 '공력을 쏟아부은 것을 알아주는 군.'이라 생각하며 흐뭇한 미소를 지었다.

하지만 그때 알았어야 했다. 또 다른 미션이 떨어질 것을. 이날은 국내 야구뿐 아니라 미국 메이저리그에서 류현진과 추신수 등이 맹활약했다. 전화 통화의 마지막 내용은 이들 해외파 기사를 마감하라는 것이었다. 그것도 되도록 빨리 보내라는 주문과 함께, 잘 던지고 친 배경과 삼진이 줄고 뜬공이 많았던 이유, 승부수는 무엇이었는지

생각을 바꾸면 행동이 바뀌고 행동을 바꾸면 인생이 바뀐다.
한계를 설정할 때 지게 된다.
야신 김성근 감독

'타격 준비하는 코리안특급' 미국 내셔널 리그에서는 투수가 마운드에서 공만 던지는 게 아니라 타격도 한다. 박찬호는 메이저리그에서 124승을 기록한 아시아 선수 출신 역대 최다승 기록 보유자이지만, 홈런 3개를 기록하는 등 타격에서도 날카로운 방망이 실력을 보였다. 국내 프로야구에서는 김성한(현 한화 수석코치)이 프로야구 원년인 1982년에 3할 타율과 10승 투수 고지를 동시에 밟았다.

까지 내용에 담으라며 매우 자세하고도 친절하게 지시했다. 덕분에 문학구장의 경기를 제쳐 놓고 해외파 기사에 끙끙 매달려야 했다. 국내 프로야구 현장에서 이역만리 떨어진 곳에서 벌어진 야구를 쓰려고 하니 진도는 지지부진.

미국에 취재를 간 기자가 없으면 국내에서 해외 야구를 마감해야 한다. 때로는 야구를 보며 농구, 배구, 기타 아마추어 종목을 마감하기도 하고 미리 지면에 잡혀 있던 기획기사를 쓰기도 한다. 야구장에서 타 종목 관계자에게 전화하는 기자들의 목소리가 여기저기서 들리곤 한다. 야구기자가 현장기사를 쓰는 것은 가장 기본적인 일이다. 야구장에선 눈앞에 펼쳐지는 야구 기사만 쓰고 싶다.

비 오는 날이 좋다

　　더운 여름날 시원하게 내리는 소나기는 청량제와 같다. 야구장에서 내리는 비는 달궈졌던 그라운드를 식히며 선수와 관중의 열기로 뜨거웠을 때와 사뭇 다른 분위기를 만들어 낸다. 고요함 속에서 야구장 관중석과 지붕에 떨어지는 빗소리는 잠깐의 사색을 허락한다. 야구장에서의 명상. 어울리지 않기도 하지만 텅 빈 관중석, 텅 빈 그라운드, 꺼진 전광판과 조명탑은 야구장의 주인공들이 사라진 빈자리를 조용히 지키고 있다. 연극이 끝난 무대의 느낌과 교차한다. 정적의 시간이 좋다. 잠시 멈추고 비워져야만 비로소 온전히 보이는 것들이 있다.

　　비는 매일같이 벌어지는 야구 경기에 뜻하지 않게 찾아오는 손님이다. 야구는 비가 오면 하지 못한다(돔 구장 제외). 경기 전 비가 한두 방울씩 내리기 시작하면 선수와 관계자들은 손바닥으로 떨어지는 비를 느낀다. '오늘 경기를 할 수 있을까?' 하고 의문을 던지는 모습이다. 야구를 하지 못한다 해서 표정이 어둡지는 않다. 지친 몸을 쉴 수 있기 때문이다. 오늘의 휴식은 내일을 위한 충전이다. 잘 쉬어야 야구도 잘할 수 있다. 선수단 운영을 책임지는 감독이 가장 중요하게 생각하는 것은 컨디션 조절이다. 페넌트레이스(pennant race, 운동 경기에서 장기간에 걸쳐 우승을 겨루는 것, 또는 장기경기) 끝까지 선수들의 몸 상태가 좋아야만 구상하던 성적에 도달할 수 있다. 부상은 지친 몸에서 오고 슬럼프는 떨어진 체력의 틈새를 뚫고 들어온다. 류중일 감독은 우천 취소로 생기는 휴식을 두고 "승부의 세계에서 잠시 빠져나올 수 있어 좋다. 다른 팀에도 물어봐라. 다 같은 생각일 것이다."라고 말하며 너털웃음을 터뜨린 적이 있다. 경기가 없는 날만큼은 승부에 대한 스트레스를 받지 않는다는 뜻이다.

기자들도 비를 마다하지 않는다. 반긴다. 야구장처럼 넓게 느껴지는 넓은 지면을 기사로 채워야 하는 부담감은 여전하지만, 아무래도 퇴근이 빠르다. 야구가 좋아 야구기자를 한 사람도 취미가 업이 되면 가랑비가 폭우로 변신하길 고대한다. 팬들은 매일 야구 경기가 열리길 원하겠지만.

내려치는 번개가 마산 구장을 쪼갤 듯하다. 마산 구장 3루 측 관중석 뒤로 번개가 치며 장관을 이루고 있다. 뇌우를 동반한 강한 비로 이날 경기는 곧 취소되었다.

경기 취소는 누가 결정할까? 그리고 취소 결정에 도움을 주는 지형지물은?

KBO의 경기 감독관이 일기예보와 경기장 상태를 종합적으로 고려해 경기 진행 여부를 판단한다. 경기장 상태는 구장에 따라 배수 시설과 능력이 다르고 그라운드의 상태 또한 다르다. 그래서 물이 잘 빠지는 구장은 비가 많이 온 후에도 경기를 속행하곤 한다. 한국은 장마철이 있기에 그 즈음이면 모든 야구 관계자가 신경을 곤두세운다. 비가 오는 날이면 경기 취소를 빨리 결정해야 할지, 경기장 입장 게이트를 열어야 할지, 마운드를 덮고 기다려야 할지, 내리는 비를 맞으며 경기하자고 외치는 열혈 관중들의 항의를 어떻게 무마할지, 끊임없이 선택해야 한다. 최근에는 스마트폰으로 구름의 이동까지 즉석에서 확인할 수 있지만, 그보다 앞서 우천 취소 여부를 확인하는 지형지물이 각 구장마다 존재한다.

잠실 구장의 경우 중앙 전광판 오른쪽 뒤로 보이는 대치동의 KT&G 타워와 그 옆에 나란히 선 동일타워가 기준이다. 그 두 건물이 먹구름에 가려 있으면 우천 취소라고 보면 된다. 단 흐리지만 건물이 보이는 경우에는 경기를 할 가능성이 높다. 부산 사직구장은 3루 쪽에서 보이는 쇠미산이 기준이다. 산자락이 먹구름에 끼었는지 아닌지에 따라 우천 취소 여부를 확인할 수 있다. 대전 구장은 우측 펜스 뒤쪽에 자리한 보문산 정상에 있는 정자를 바라본다. 정자가 비구름에 쌓여 보이지 않으면 십중팔구 우천 취소이다. 그곳에서 내리는 비가 곧 야구장으로 들이치게 되어 있다.

이처럼 각 구장마다 기상청 홈페이지에 앞서 비를 예상하는 지형지물이 있다. 수십 년간 쌓인 경험치에 따른 판별법으로 때로는 기상청의 과학적인 예보보다 정확한 우천 취소 식별법이다.

글에 심는 희망의 씨앗

팀의 주축인데 기대에 미치지 못한 선수가 있었다. 다부지게 비판했다. 최근 바닥으로 떨어진 기록과 함께 주변의 원성도 적당히 첨가해 기사를 작성했다. 그런데 아내가 그 기사를 읽어 보고 이렇게 말했다.

"기사를 쓸 때는 그 사람의 가족까지 생각하며 써 주세요."

사실에 근거한 비판은 기본이다. 그 선수의 성적은 수치가 말해 주고 있었다. 프로선수는 자신의 몸값에 맞는 책임을 다해야 한다. 그것은 선수뿐 아니라 감독, 팀 모두에게 해당된다. 그러나 아내가 선수들의 가족까지 생각했다. 해당 선수의 기사는 독자뿐 아니라 그 선수의 가족도 볼 것이다. 좋은 기사는 스크랩도 할 것이다. 그런데 자신의 남편이, 자신의 아버지가 기사 내에서 비난을 받고 있고 기사 아래에 달린 댓글 또한 가슴을 아프게 찌른다. 당사자와 그 가족에게는 혹평하는 기사의 단어 하나하나가 아프다.

선수 가족은 기사 내용에 민감하다. 때로는 내용이 나쁘지 않은데도 불구하고 중간에 들어간 단어 몇 개가 마음에 들지 않아 신경 쓸 정도이다. 그런 사소한 몇 마디조차 가시처럼 걸린다고 한다. 사기, 절도, 음주, 폭행 등의 범죄 사실에 대해서는 엄정한 기사가 필요하다. 그러나 스포츠는 꿈과 희망이다. 아이들에게는 그라운드에서 뛰는 그 선수가 영웅일 수 있다. 훌륭한 선수는 부진을 딛고 일어서 더 큰 감동을 선물한다. 톱클래스 선수라도 경기를 잘하지 못할 때가 있다. 매일 잘하면 그게 어디 사람이겠는가. 아내의 충고 이후 나는 조금 여유 있는 시선을 가지려고 했다. 설령 그 선수가 부진하고, 그 팀이 연패에 시달려도 기사 안에 희망을 심어 놓는 것으로. 비판은 비판으로만 그쳐서는 안 되기 때문이다.

야구와 축구는 상극

축구선수 김병현. '광주일고 후원회' 행사에 참석한 광주일고 선후배가 한데 모여 축구를 했다. 사진에서 김병현이 수비수를 제치고 통렬한 중거리 슛을 차고 있다. 이날 김병현이 선보인 발재간은 모두가 탄복할 만큼 뛰어났다. 어릴 적에 공 좀 차본 솜씨였다. 만약 야구가 아니라 축구를 해도 대성할 만큼 돋보였다. (2004. 12. 3)

야구와 축구는 상극일까. 스포츠를 좋아하는 사람이라면 90분 내내 박진감 넘치는 감동을 선물하는 축구를 싫어하는 이가 없을 것이다. 축구는 개인적으로 인간의 본능에 가장 가까운 종목이라고 생각한다. 그만큼 강력하다. 하다가 멈추기를 반복하는 야구와는 다른 매력이 있다. 사회인 야구 리그 동료들도 축구를 좋아했다. 그리고 국가대표 축구 경기에 관심 없는 이는 없다. 나는 2002년 월드컵 당시 6만 관중이 가득 찬 상암벌에서 취재한 행운이 있었는데, 당시 쓰나미처럼 열정적으로 울려 퍼지던 붉은 응원의 감동을 잊지 못한다. 온몸에 전율이 일었다. 평생 잊지 못할 순간 중 하나이다. 그런데 몇몇 인터넷 공간에서 보면 축구와 야구 마니아라는 이들이 서로를 헐뜯으며 설전을 벌인다. 안타깝다. 각 종목에 대한 뜨거운 애정은 충분히 이해한다. 그렇다고 상대를 무시하거나 때론 피해의식으로 악다구니를 쏟아 내는 것은 보기 흉하다.

야구에 비해 축구 중계가 상대적으로 적어 시청권을 박탈당하고 있다는 점도 충분히 공감한다. 야구도 중계가 확산되면서 팬 층이 확산되는 과정을 거치며 여기까지 왔다.

SBS ESPN의 정진구 기자가 방송 중계 편성에 관해 이렇게 밝힌 바 있다. "스포츠 전문 케이블이 국내 프로야구와 축구를 모두 중계할 수 있다면 더할 나위 없이 좋을 것이다. 그러나 시간상의 제약이 있는 상황에서 방송사들은 소위 '팔리는' 스포츠를 우선적으로 편성할 수밖에 없다." 즉 스포츠 중계도 시장 논리에서 벗어날 수 없다는 지적이다. 그러면서 "프로야구 때문에 프로축구 시청이 어렵다는 식의 남 탓은 축구 사랑을 왜곡시킨다."며 편 가르기를 지양했다. 축구와 야구는 스포츠의 양대 축이다. 스포츠팬이라면 야구와 축구를 넘나들며 즐기기 바란다.

치맥 야구의 목마름

　야구장에서 먹는 치킨과 맥주는 별미이다. 많은 관중이 한 손에는 치킨, 다른 한 손에는 맥주를 들고 야구를 즐긴다. 기자실에서도 그 모습이 보인다. 부럽다. 기자들에게 치맥은 그림의 떡이다. 보리로 만든 그 생명수를 업무 시간에 먹을 수는 없다. 기자들은 맛보다 빨리 먹을 수 있는 음식을 선호한다. 대표적인 게 중화음식이다. 관중들은 그런 기자들을 향해 "짜장면이 대수냐. 공짜로 야구도 매일 볼 수 있는 게 좋지."라며 부러워한다. 그러나 기자들도 관중석에서 치킨과 맥주를 먹으며 야구를 보고 싶다. 특히 관중들의 함성으로 가득 찬 야구장의 열기에 흠뻑 빠져들고 싶다. 양손에 치맥을 들고서.

　소망이 하나 더 있다. 야구 경기를 잘 보는 것이다. 야구기자가 야구 경기를 많이 보는 것은 맞다. 그러나 처음부터 끝까지 온전하게 보기 힘들다. 야구기자가 야구 경기를 세세히 제대로 보지 못하는 아이러니가 존재한다. 그래서 그들의 기록지를 보면 6~7회까지는 깔끔하게 정리되어 있는데 이후 후반부 기록이 제대로 안 된 경우가 꽤 많다. 아예 비워져 있는 때도 많다. 후반으로 갈수록 기사 작성에 매

달리며 기록을 마저 하지 못하는 것이다. 그럴 수밖에 없는 가장 큰 이유는 정해져 있는 데드라인을 지키기 위해서고 그 다음으로는 경기 후 작성하는 기사와 달리 경기 중 주제를 정해 놓고 빨리 처리해야 하는 박스 기사나 현장 기사가 존재하기 때문이다. 조금이라도 빨리 기사를 전송해야 편집기자가 신문 지면에 맞춰 편집하는 시간을 벌어 줄 수 있다. 그래야 전국으로 배달되는 신문의 인쇄도 제때 맞춰서 할 수 있다.

야구기자가 된 후, 나는 야구를 제대로 보지 못하는 것에 대해 놀라면서도 다소 아쉬웠다. 기사를 위해 경기 후반을 포기하는 게 아쉬울 따름이다. 그래서 나는 때때로 경기 관련 스트레이트 기사 한 개만 처리하면 좋겠다는, 현실적으로 다소 실현 불가능한 여유로운 기자 생활을 혼자 꿈꿔 보기도 한다.

기자,
가난해도 행복하다

　돈이면 안되는 게 없는 세상이다. 재물이 가치의 척도가 되다 보니 돈으로 모든 게 재단된다. 죽은 사람 살리는 거 빼고 돈으로 안되는 게 없을 정도이다. 이 세상에서 가장 힘센 것을 뽑으라면 뭐니 뭐니 해도 머니(Money)이다. 재물이 곧 권력이다. 사람의 가치도 재물로 환원된다.

　프로선수는 실력을 연봉으로 냉정하게 평가받는다. 희소가치에 따라 등급이 매겨지기에 잘할수록 연봉이 높다. 잘나가는 선수의 연봉은 10억 원을 훌쩍 뛰어넘는다. 2013년 기준으로 9개 구단 선수들 몸값 평균액은 1억 원에 육박하며 일반직 종사자에 비해 높다.

　돈을 많이 버는 그들이 부럽다. 시즌이 끝나고 스토브 리그(stove league, 한 시즌이 끝나고 다음 시즌 시작 전까지의 기간)가 되면 늘 나오는 기사가 있다. 최고 연봉자는 누구, 최고 인상률은 누구 등 그들의 억! 소리 나는 몸값을 컴퓨터 자판으로 두드리다 보면 한켠으로 한숨이 나온다. 국가 대표급 선수들의 FA 계약 금액은 50억 원이 훌쩍 넘고 곧 100억 원 돌파가 예상된다.(기자도 FA 선언하면 어떨까. 그냥

나는 부자가 되길 원했다. 행복해질 수 있도록.
그러나 나는 가난함을 받았다. 더 현명해질 수 있도록.
로이 캄파넬라
메이저리그 최초의 흑인 포수

방출되려나.)

'먹고사니즘'에 허덕이는 대부분의 직장인은, 인컴은 소박한데 아웃컴은 나이에 비례해 점점 많아지는 슬픈 엇박자를 경험한다. 혹자는 프로야구선수는 생명이 짧으니 벌 때 많이 벌어야 한다고 말하기도 하는데 요즘 회사원들의 근속 연수도 그리 길지 않다. 점점 짧아지고 있는 추세이다. 프로야구 최저 연봉(2,400만 원, 2015년부터는 2,700만 원)에도 불구하고 희망 찬 땀방울을 흘리는 선수는 여기서 제외이다. 이름깨나 알려진 프로선수가 우리의 비교 대상이다. 이들은 높은 연봉뿐 아니라 야구라는 고급 테크닉을 겸비하고 있어 은퇴 후 설계도 폭넓다. 어쨌든 억 소리 나는 그들의 연봉 관련 기사를 쓰며 내 연봉 끝에 '0' 하나를 더 찍고 싶다.

그런데 어느 날 이런 생각이 들었다. '나는 부자로 살고 싶지만, 기자가 부자면 좀 안 어울리지 않나.'라는 그런 생각. 평범한 언론인은 그리 돈을 잘 버는 직업이 아니다. 회사에서 받는 월급은 어느 직장인이나 마찬가지로 빠듯하다. 그렇다고 촌지나 뭐 기타 향응으로 또 다른 수익 창구(?)가 있는 것도 아니다. 기자가 돈 받고 기사를 써 준다거나 특종을 터뜨렸다고 일확천금이 생기는 일은 없다. 호랑이 담배 피던 시절의 이야기이다.

기자는 자존심과 명예로 산다. 물론 경제적으로 여유가 있다면 심적으로 분명 더 편할 것이다. 장래나 노후, 자녀 교육에 대한 걱정 없이 에너지를 좋은 기사 발굴에 사용할 테니. 하지만 가난하면 불행한가? 안타깝게도 물론 그렇다. 그러나 낙담할 필요는 없다. 가난하지만 행복할 수 있기 때문이다. 미디어는 다른 사람의 이야기를

들어주는 역할을 한다. 그리고 그 이야기를 또 다른 사람들에게 전
달하는 소통의 창구이다. 세상은 그런 연결을 통해 조금씩 좋은 쪽
으로 변한다.

우리들이 살고 있는 세상을 나쁜 쪽으로 몰아가기 위해 자판을 두
드리는 기자는 없다. 삶의 축소판인 스포츠를 전달하는 야구기자도
마찬가지이다.

왜 카메라는 예쁜 여자를 비출까?

프로야구 중계를 보면 타석의 타자가 홈런을 치거나, 마운드의 투수가 삼진을 잡으면 해당 선수의 표정을 멋지게 잡아 준다. 그런데 그 사이사이 관중석에서 환호와 탄식을 터뜨리는 여성 관중을 중계하는 것을 잊지 않는다. 때로는 클로즈업해서 자세하게 비춰 준다. 미리 위치를 파악해 둔 것처럼 그들을 잡아 주는 타이밍이 늦지도 않다. TV 중계뿐 아니라 야구장의 사진기자도 치어리더나 눈길을 끄는 여성이 있으면 앵글에 담는다. 류현진이 입단한 메이저리그 LA 다저스에서 홍보를 맡고 있는 한 여성 직원이 화제에 오른 것도 그녀의 미모가 한몫했다. 그렇다면 카메라는 왜, 예쁜 여성을 놓치지 않고 포커싱할까. 카메라 중계 감독과 사진기자가 대부분 남성이라서 그럴까. 물론 음과 양의 조화에 의거해 그들이 같은 남성을 카메라에 담고 싶지는 않을 것이다.

사실 그 이유에 대해 한마디로 답할 수 있다. 예쁘기 때문이다. 야구를 좋아하는 여성 팬이 많이 늘었지만, 여전히 주가 되는 팬 층은 남성이다. 여기에는 남성의 경제학과 시장 논리가 들어간다. 예를 들어, 한때 모 나이트클럽에서는 예쁜 여자를 따로 섭외해 불러들였다. 아르바이트 개념이다. 개미가 페르몬을 뿌려 서로를 부르듯, 미인은 수많은 남성을 나이트클럽으로 당기는 강력한 페르몬 역할을 했다.

남성의 경우, 사랑은 동물적 충동에서부터 시작한다. 손을 잡고 뺨을 부비는 가벼운 스킨십과 적극적인 접촉까지 모두 동물적 충동에 기본을 둔다. 정신적 사랑이 동시에 진행되기도 하지만, 상대에 대한 육체적 갈망이 우선 전제된다.

결혼 당사자를 찾을 때 얼굴보다는 마음이 중요하다고 한다. 예쁜 여자는 3개월, 착한 여자는 3년, 음식 잘하는 여자는 30년이라고 하며 미모를 뺀 여성의 다른 부분을 부각시키기도 한다. 맞는 말이다. 하지만 실제로 연애를 하거나 결혼 상대를 만날 때는 우선 외모부터 본다. 아름다움이 배우자를 고르는 데 상위권을 차지하는 것은 두말 하면 잔소리! 그래서 남들보다 예쁘다는 인자는 우성 유전자의 자리를 차지하며 계속 이어질 수밖에 없다.

즉, TV 중계 화면에서 미인을 잡아 주는 것은 야구라는 시장에서 남성이 차지하는 비중이 여성에 비해 더 크다는 사실이다. 미인은 TV 화면과 야구장으로 남성을 부르는 매개체 중 하나이다. 물론 여성들도 터질 듯한 허벅지를 자랑하는 종마 같은 사내들을 보는 맛으로 야구를 보기도 한다.

팬, 선수, 기자의
계급 순위

국가가 있어야 야구도 있다.
김인식 감독(1947~)
2009년 월드베이스볼(WBC)에서 감독직을 받아들이며

선수와 팬 그리고 기자의 계급을 나눈 게 있다. 농담에 기초한 것이니 너무 심각하게 읽지 않기를 우선 당부한다. 나라별로 순위가 다르다. 개인이 중시되는 미국야구는 팬과 관중이 제1순위이다. 팬이 있어야 야구가 존재한다는 의식이 확고하다. 그래서 구단과 선수들은 그들을 대하는 데 최선을 다한다. 대표적인 예로 팬들은 야구선수에게 거리낌 없이 다가가고 선수들도 팬들에게 친근하기 그지없다. 사인 요청은 특별한 상황이 아니면 다 해 준다. 하지만 조건은 있다. 개인 프라이버시 또한 중요하기에 야구장 밖에서는 자제해 주길.

메이저리그는 100년이 넘는 역사를 가지고 있다. 많은 시행착오를 거쳤고 지금의 시스템을 갖췄다. 야구 규칙에만 준하는 이야기가 아니다. 기자와 야구선수와의 관계도 그렇다. 팬을 가장 우선순위로 생각하기에 자신들의 이야기를 전달하는 언론과의 접촉에도 거리낌이 없다. 대표적인 예가 라커룸 개방이다. 정해진 시간 동안 취재진

은 그곳에서 원하는 선수와 대화를 나눈다. 그곳에서 다양한 스토리가 만들어지고 팬들에게 전해진다. 그 배경은 팬이 야구의 중심이기 때문이다. 미국에서 꽃 핀 야구가 태평양 너머 일본에서도 전해져 50년 동안 자리 잡았다. 야구는 일본의 국기가 되었다. 그들의 야구 사랑은 대단하다. 그런 일본에서는 선수가 가장 우위에 있고 그 다음이 팬, 마지막이 언론이라고 기자들끼리 농담을 주고받는다.

야구장에 가 보면, 무엇보다 선수들이 경기에 집중할 수 있는 구조이다. 경기 전 미디어는 감독, 선수와의 취재를 통해 기사 거리를 발굴하는데, 일본의 경우 일종의 바리게이트가 쳐져 있다. 여기저기 취재진의 출입을 통제하는 선이 엄격하다. 선수들이 라커로 이동하는 짧은 통로에서 기자들이 쫓아가며 인터뷰를 해야 한다. 일본은 워낙 매체가 많기에 인터뷰도 사전 요청이 필수이다. 매체가 많은 것은 야구 인기가 그만큼 높다는 증거이다. 그래서일까. 다수의 언론이 한 선수를 인터뷰할 때, 취재진이 무릎을 꿇고 마이크를 대고 있는 모습을 볼 수 있다. 그 모습은 카메라 앵글을 피하고 다른 취재진을 배려하는 행동이지만 우리가 볼 때 선수를 왕으로 모시는 것처럼 보이기도 한다. 그런 분위기에서 감독의 위치는 더욱 대단하다. 일본의 모 감독은 자신이 야구장에 입장하는 통로에 취재진 등이 미리 빠져 줄 것을 요구하기도 한다.

그렇다면 한국은 어떨까. 한마디로 미국과 일본의 짬뽕이다. 미국과 비슷한 모습은 취재진과 선수가 친밀한 편이라는 것이다. 프로야구 초창기만큼은 아니지만, 기자와 선수가 형, 동생처럼 지내기도 한다. 한 구단을 꾸준히 맡아 취재를 하다 보면 가족같이 느껴지는 것도 사실이다. 일본과 유사한 점은 취재를 할 때 그라운드의 주인공인 선수들이 경기 전후 경기력에 영향을 받지 않게끔 배려한다는 점이다.

라커룸 천태만상?

라커룸은 비공개 영역이다. 취재진에게 오픈되지 않는 공간이다. 선수들의 프라이버시를 위해서이다. 선수들은 그곳에서 휴식을 취하며 경기를 준비한다. 잠을 자고 음악을 듣고 나체로 돌아다녀도 거리낌이 없다. 그런데 메이저리그 라커룸은 언론에게 공개된다. 시간은 정해져 있다. 기자는 인터뷰가 필요한 선수에게 다가가 편하게 이야기를 나눌 수 있다.

스포츠가 대중의 인기를 얻기 위해서는 스타플레이어와 함께 스토리가 뒷받침되어야 한다. 그리고 그 스토리는 눈덩이 효과처럼 또 다른 스토리를 만들어 낸다. 일종의 선순환 효과이다. 이야기가 없는 스포츠는 양념이 안 된 음식과 같다. 삼진과 홈런만으로 열광할 수는 없다. 그 선수를 둘러싼 스토리가 더해져야 감동이 더 크다.

국내 프로야구에서는 라커룸이 공개되지 않기에 선수 취재는 더그아웃에서 또는 복도에서 간헐적으로 이루어진다. 신인선수나 비주전은 주변 눈치도 살펴야 한다. 경기 전까지 식사나 라커룸에 있을 때를 제외하고는 훈련이 계속되기 때문에 인터뷰 시간도 사실 없다시피 하다. 갈 길 바쁜 그들을 붙잡고 있는 것은 취재진 입장에서도 부담스럽다. 물론 스타 선수나 수훈 선수는 방송 인터뷰 및 공식 인터뷰 시간이 할애된다. 그러나 그들의 목소리에 반해 나머지 선수들의 목소리는 상대적으로 듣기 힘든 것이 현실이다.

취재 구조상 감독 중심으로 기사가 생산되는 국내 프로야구에서 다양한 선수의 목소리를 전달하기 위해 선수 라커룸을 일정 시간 오픈하는 것은 어떤지 고민해 봐야 할 시점이다. 이참에 낙후된 라커룸 시설도 좋게 고치고. 또한 프로선수라면 성적뿐 아니라 자신의 여러 모습을 팬들에게 노출시켜야 한다는 점을 잊지 말아야 한다.

내일의 희망이 자란다

홈에 다다른 인생은 선택의 연속이다. 선택에 대한 대가는 늘 있지만 실수를 통해 하나둘 배워나간다. 홈에서 바라보는 저녁 하늘은 편안하다. 어둠이 드리워지고, 별이 빛나면 몸과 마음은 스스로 휴식을 취한다. 그리고 내일이라는 희망이 조금씩 자라난다.

끝날 때까지
끝난 게 아닌

끝날 때까지 끝난 것이 아니다.
요기 베라(1925~)
월드시리즈 반지 10개의 주인공이며 뉴욕 양키스의 레전드

기자실 내에는 일종의 금기 사항과 금기어가 있다. 5회 이전에는 경기가 진행되는 시간에 대한 언급을 꾹 참는다. 경기의 흐름이 빠를수록 입단속을 한다. 예를 들면 이런 말이다.

"오늘은 경기가 빨리 가는데?"

이 말을 경기 초반에 누군가 내뱉는 순간, 그때부터 경기는 묘하게 늘어지기 시작한다. 순리대로 흘러가던 경기는 갑자기 혼전에 빠지고 양 팀 벤치는 더그아웃의 투수들을 총출동시킨다. 투수가 4~5명만 바뀌어도 경기 시간 30분은 그냥 늘어난다. 그 전까지 모든 기자가 머릿속으로 '음, 이렇게만 가면 평소보다 30~40분은 빨리 끝나겠군.'이라고 상상하며 느끼던 여유가 사라진다. 경기가 조금 빨리 끝나면 퇴근 시간이 그만큼 앞당겨지고, 마감 시간에 여유가 생겨 편안하게 기사를 작성할 수 있다.

9회가 끝나기 전에도 입조심은 계속된다. 야구와 인생을 빗댄 명언들이 상당히 많다. 그중에 이런 말이 있다.

'야구는 9회말 2사부터'

야구기자가 되어 그라운드의
선수들을 보면서 무릎을 치며 그
말이 맞다는 것을 수차례 경험했
다. 9회 마지막 타자가 아웃될 때
까지 긴장감을 놓치면 안 된다.
막판 뒤집기로 미리 준비했던 기
사를 다시 처음부터 썼던 경험은
잊을 수 없는 추억 중 하나이다.

그리고 연장전에 돌입하면, 미국 메이저리그처럼 하룻밤을 꼬박 새
는 끝장 승부는 아니더라도, 마지막으로 정해져 있는 12회까지 가게
된다면 자정 너머 퇴근은 기정사실이 된다.

금기어는 특히 에이스 투수끼리의 격돌 때 더욱 준수된다. 에이스
투수가 선발로 나오면 상대 타선이 허수아비처럼 픽픽 쓰러지기에
경기 진행이 초스피드로 달려간다. 양 팀 모두 에이스가 선발 출전하
면 그 속도는 배가된다. 그래서 경기 전 기자실 분위기도 '혹시, 오늘
은?'이라며 큰 기대를 한다. 하지만 절대 입 밖으로 내서는 안 된다.
그 순간부터 예상은 꼬이기 시작한다.

집에서 출발해 다시 집으로

"나 다시 돌아갈래."

영화 〈박하사탕〉의 인상적인 대사이다. 영화 속 대사처럼 야구는 귀소 본능이 강한 스포츠이다. 야구는 홈에서 출발해 다시 홈으로 돌아오는 게임이다. 홈 베이스를 밟아야 비로소 전광판에 1점이 찍힌다.

야구는 늘 새롭다. 매 경기마다 1회부터 9회까지의 스토리가 다르기 때문이다. 그러나 모두가 꿈꾸는 종착역은 늘 한결같다. 많은 선수가 1루와 2루, 3루에서 다음 베이스로 전진하기 위해 노력한다. 그 과정이 순탄하지 않기에 그들이 밟은 각 베이스에는 각자의 사연이 있다. 다행일지 모르겠지만, 3루 다음에 4루는 없다. 그 다음은 홈이다.

집으로 돌아오기 위한 회심의 홈런 한 방은 쉽게 나오지 않는다. 대개 한 베이스를 나아가기 위해 무수히 많은 벽과 싸워야 하고 자신과의 싸움에서도 이겨야 한다.

결과를 따질 때 과정도 중요하다고 한다. 과정이 좋아야 결과가 좋

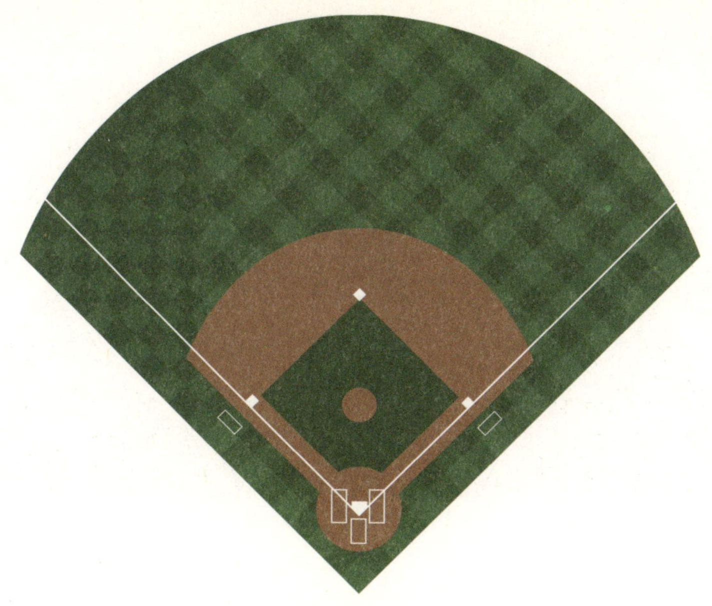

기 때문이다. 그래서 홈을 밟는 순간 느끼는 성취감은 과정에 결과가 더해진 행복이다. 하지만 홈을 밟는다고 끝나는 것은 아니다. 홈은 끝이 아닌 시작점이다. 새벽 어스름에 어제와 오늘이 몸을 섞는 것처럼. 홈은 다시 시작할 수 있다는 기회의 마침표이다.

나는 어디까지 왔을까. 그리고 나의 홈은 어디일까. 잠시 서서 고민하는 것도 나쁘지 않다. 호흡을 가다듬는 것은 언제나 필요하다.

나는 옥상에서 공을 던지기 시작해 사회인 야구 리그를 거쳐 잠실 구장 마운드에까지 섰다. 시즌이 끝난 12월 초가 되면 한국 야구위원회(KBO) 주관으로 잠실 구장에서 스포츠 전문지, 종합지, 방송, 홍보간의 친선 시합이 벌어진다. 출전 선수들은 잠실 구장 전광판에 자신의 이름이 찍히는 영광을 얻게 된다. 타석에 설 때면 장내 아나운

서가 소개도 해 준다. 그래서 1년 중 이날 하루만 기다리는 기자도 있다. 나는 선발투수로 잠실 마운드에 섰고 타석에서는 안타도 치고 홈까지 달렸다.

야구는 홈으로 가는 길이 정해져 있다. 다음 베이스를 향해 달리겠다는 의지만 있으면 충분히 그곳으로 향할 수 있다. 그 마지막에는 하얀색 홈 베이스가 선명하게 우리를 기다리고 있다.

개구리 번트를 기억하는가. 1982년 세계야구선수권대회에서 우승을 놓고 벌어진 일본과의 최종전에서 김재박 전 현대 감독은 그 유명한 개구리 번트로 역전의 발판이 된 동점 결승타를 기록했다. 1-2로 뒤진 8회말 1사 3루에서, 그는 어우홍 감독의 사인을 스퀴즈(sqeeze, 주자가 3루에 있을 때 번트로 득점을 올리는 작전) 사인으로 착각해 피치 아웃한 공에 점프해 번트를 댔다. 타구는 절묘하게 라인 안쪽으로 굴러가며 안타가 되었고 그 사이 3루 주자인 김정수는 홈으로 뛰어들어 2-2 동점을 만들었다. 결국 한국팀은 한대화(현 KIA 수석코치)의 3점 홈런으로 역전승을 거뒀다. 김재박 전 감독의 경우처럼 행운의 득점도 있지만, 현대 야구는 상대의 숨겨진 급소를 찾아내 단칼에 공략한다. 이를 막아 내지 못한 팀은 일격에 무너진다.

상대의 허를 찔러 단숨에 홈을 밟은 사례 3가지를 소개한다.

SK의 내야 수비 5인을 무너뜨린 NC의 스퀴즈

같은 포지션 출신 동갑내기 감독의 수싸움이 펼쳐졌다. 2013시즌

4월 14일, SK 와이번스와 NC 다이노스의 경기가 마산에서 열렸다. 3-3으로 팽팽하게 맞선 9회말 1사 만루에서 SK 이만수 감독은 중견수 김강민을 내야로 불러 2루 베이스를 지키게 했다. 수비수 5명이 촘촘하게 서서 내야의 길목을 차단했다. 내야 수비 5인의 핵심은 만루 상황에서 어차피 공이 외야로 뜨면 상황 종료이기 때문에 무조건 내야 땅볼을 유도해 홈에서 승부를 보거나 병살을 잡겠다는 강한 의지였다.

그러나 이날 SK는 NC 김경문 감독의 작전에 허를 찔렸다. 김 감독은 타석의 박으뜸에게 스퀴즈 작전을 내렸고 송은범의 2구째를 건드린 번트 타구가 마운드와 홈 사이에 떨어졌다. 그 사이 발빠른 3루 대주자 김종호가 재빨리 홈을 밟았다. SK 수비는 번트 공격을 예상하지 못했는지 결국 패배했다. 경기 후 김경문 감독은 박으뜸에게 만족감을 드러내며 경기에 대해 이렇게 평했다.

"초구에 볼이 들어와서 2구째 스퀴즈 사인을 냈다. 신인이 해내기 쉽지 않았을 텐데 잘해 주었다."

이중도루 뛰어넘은 LG 베테랑의 눈

보기 드문 주루플레이(base running, 주자가 베이스에서 다음 베이스로 달리는 공격 기술 중 하나)로 천금 같은 결승점이 나왔다. 2013년 5월 23일, 대구 삼성 라이온즈 전에서 1-1로 맞선 6회 2사 1, 3루. LG 트윈스의 최태원 주루코치가 3루 주자 권용관과 귓속말을 주고받았다. 1루 주자 이병규도 최 코치의 사인을 주시했다. LG 내야진의 심상치 않은 움직임에 수비를 하던 삼성에는 긴장감이 감돌았다. 삼성

내야진은 1루 주자가 도루하는 사이 3루 주자의 홈으로 쇄도하는 이중도루를 염두에 두며 움직였다.

그러나 3루에 있던 베테랑 권용관은 상대가 전혀 예상하지 못한 급소를 파고들었다. 삼성 포수 이지영이 투수 윤성환에게 느슨하게 송구하는 습관을 이용해 홈으로 뛰어들어 득점에 성공했다. 공식적으로는 야수 선택으로 기록됐지만, 백전노장 권용관의 기지가 경기 흐름을 한순간에 바꿔 놓았다. 기세를 올린 LG 타선은 연속 안타로 1점을 더 뽑아 내며 승리를 이끌었다. 권용관은 경기가 끝난 후 당시의 상황을 간략히 정리했다.

"포수가 일어나서 투수에게 공을 던지면 홈으로 들어가기 어렵다고 봤는데 앉아서 천천히 던졌다. 그래서 타이밍을 노렸다."

2루에 덫 놓은 넥센의 3중 도루

2013년 7월 5일, 넥센 히어로즈는 목동 LG 트윈스 전에서 3중 도루를 성공시키며 역전승을 거두었다. 양 팀 합쳐 장단 26안타가 터진 타격전 양상이었지만, 승부는 염경엽 감독의 허를 찌른 작전이 결정 지었다. 9-9 동점이던 8회 말, 넥센 공격에서 유재신은 이택근의 좌전 안타 뒤 3루 대주자로 나섰다. 상황은 2사 만루로 안타 하나만 터져도 승패가 결정될 수 있었다. 타석에선 대타 김지수가 LG 마무리 투수 봉중근을 상대로 풀카운트 승부를 펼치고 있었다.

그러나 넥센은 안타가 아닌 2루에 함정을 파는 승부수를 던졌다. 2루 주자 강정호가 일부러 리드를 깊게 했고 이는 봉중근의 2루 견제로 이어졌다. 이때 3루 주자가 홈으로 달리는 것을 본 2루수 손주인이 홈송구를 했지만, 유재신의 발이 먼저였다. 그 사이 1, 2루 주자 모두 도루에 성공하며 3중 도루로 기록되었고, 넥센은 결국 12-10으로 승리했다. 경기 후 염 감독은 기뻐하며 완벽하게 작전을 수행한 선수들을 칭찬했다.

"8회 만루 상황에서 준비된 좋은 주루플레이로 결승점을 올린 선수들이 대견하다."

마지막 결승 주자가 홈을 밟고 승패가 결정나면 다들 또 다른 홈으로 가기 위해 짐을 꾸린다. 지방 경기가 끝나면 원정팀 선수들은 구단 버스를 타고 인근 호텔로 간다. 기자들은 노트북과 짐을 꾸려 인근 모텔로 간다. 한국은 모텔 천국이다. 들어가 보면 천장에는 구름 모양의 벽지가 붙어 있고 옆에는 커다란 장미꽃과 이름 모를 작은 꽃들로 도배가 되어 있다. 천장을 비롯한 사방에 거울이 붙어 있기도 하다. 침대도 네모난 것에 한정되지 않고 방문을 열고 들어가면 동그랗거나 붉은색 하트 모양의 것을 맞닥뜨릴 때도 있다. 참 버라이어티하다.

그 외에도 모텔은 여러 장점이 있지만 청결 지수는 호텔과 비교할 수 없다. 시트와 이불을 잘 교체하지 않는 곳도 있다(전부 그렇다는 것은 아니다.). 한 번은 침대와 미니소파를 들어 바닥을 본 적이 있었는데 위생 상태에 절로 눈살이 찌푸려졌다. 그나마 저렴한 가격이라고 생각하고 애써 체념했다. 그리고 때로는 대실을 해 줘야 한다는 업주의 부탁 내지 횡포에, 가진 짐을 다 들고 야구장으로 가야 할 때도 있다.

그럼에도 나는 모텔에 감사하다. 현대식 모텔은 약 2000년대 초반

부터 많이 생겼는데 인터넷은 기본이고 TV도 40인치 이상으로 큼지막하다. 월풀 욕조를 갖춘 곳도 있다. 시설이 웬만한 관광호텔보다 낫다. 사랑을 찾아 불타오르는 전국 각지의 연인들에게 감사한다.

여기자 중에 모텔 생활을 힘들어하는 사람도 있다. 그래서 일본의 토요코인 같은 비즈니스 호텔을 찾아 짐을 풀기도 한다. 물론 가격은 모텔에 비해 조금 더 비싸다.

지방 출장을 가서 경기 마감 후 지친 몸을 누이는 곳은 중요하다. 그래서 늘 어디서 잘지 고민한다. 대부분의 기자들은 뭉쳐서 가고, 같은 숙소를 정하는 경우가 많다. 하루 일과를 마치고 소주 한잔하며 그날의 피로를 풀기도 하고 다음날 함께 해장을 하며 공동체 생활을 한다. 한 시즌 내내 출장을 다니다 보면 가족보다 더 자주 부대끼며 살아간다.

모텔 귀신 소동

　기자들이 한꺼번에 숙소를 옮기는 경우가 있다. 바로 귀신 때문이다. 여관이나 모텔에 귀신이 많이 기거한다는 이야기가 있다. 많은 사람이 삶의 마지막 장소로 집이 아닌 여관이나 모텔을 선택해서 그렇다. 이런 곳에서 시체를 많이 본 어떤 형사는 모텔에서 자야 할 때는 꼭 침대가 아닌 바닥에서 잔다고 했다. 침대 위에서 죽어 있는 시신을 많이 봐서 그렇단다.

　어느 스산한 가을, 옆방의 모 기자가 새벽 3시에 내 방의 방문을 쾅쾅 두드렸다. 놀란 표정의 그는 자기 방에서 귀신 소리가 난다고 했다. 그의 방에 들어가 보니 침대 머리맡에 걸려 있는 괴이한 사진이 먼저 눈에 들어왔다. (모텔 업주에게 당부하건데 예술적인 사진이나 그림도 좋지만, 이왕이면 밝고 화사한 그림을 부탁한다. 혼자 밤에 보면 싸~하다.) 그리고 귀를 기울여 보니 무슨 소리가 나긴 했다. 한참을 들어 진원지를 찾아보니 정수기에서 나는 '곡(?)' 소리였다. 마치 흐느낌처럼 들려 혼자 들으면 겁을 먹을 만큼 이상한 소리이긴 했다. 그날은 그냥 호들갑으로 끝났지만, 이야기를 들어 보면 실제로 귀신이나 유령을 목격했다는 기자도 꽤 있다. 가위에 눌리는 것은 아주 사소한

쪽에 든다.

　나도 집 밖을 전전하다 보니 두 가지 징크스가 생겼다. 첫째는 모텔 벽에 걸려 있는 샤워가운을 내려놓는 것이다. 밤에 자다가 문득 눈을 떴는데 마치 귀신이 그 가운을 걸치고 나를 보고 있는 것 같은 경험을 한 적이 있다. 둘째는 텔레비전을 켜고 자는 것이다. 사람들의 말소리가 그나마 위안이 된다. 그리고 하나 더 꼽자면 화장실 문을 꼭 닫고 자는 것이다. 그곳에 그것(귀신 등)이 가장 많다는 이야기를 들었다.

출장지별 숙박 유형

야구를 취재하다 보면 때때로 해외 출장도 가는데 대부분 미국과 일본으로 간다. 축구와 달리 야구를 하는 나라가 그리 많지 않기 때문이다. 미국으로 출장을 가면 가장 먼저 자동차를 렌트한다. 미국은 대도시를 제외하면 대중교통이 우리만큼 발달되어 있지 않다. 야구장에 갈 때도 필요하고 싸고 질 좋은 숙소를 가기 위해서는 자동차가 필수이다. 미국에서 단기 출장일 때는 숫자가 붙어 있는 모텔6, 모텔9나 그와 비슷한 수준의 모텔을 찾는다. 저렴한 호텔에 한 달 이상 장기 체류할 때는 홈스테디인처럼 취사가 되는 곳을 찾는다. 미국 어디를 가든지 한국마트가 있기에 김치, 된장, 라면 등을 구입해 직접 조리해 먹는다.

일본의 경우 우선적으로 지하철과의 거리를 살핀다. 택시를 타면 막대한 교통비를 감당하기 힘들다. 방송팀은 해외 출장을 가면 현지 코디네이터를 섭외해 미니버스를 대절해서 다닌다. PD, 카메라, 작가 등 인원이 많기에 그렇다. 반면 신문기자는 해외에 나가면 완벽한 1인 미디어가 된다. 취재와 마감뿐 아니라 숙식과 이동을 스스로 해결해야 한다. 일본 대도시의 경우 대중교통이 잘 되어 있다. 숙소는 전철에서 가까운 비즈니스 호텔에 주로 머문다. 밤 문화가 발달하지 않은 미국에서는 맥주 등을 숙소 냉장고에 쟁여 놓고 먹는 편이지만, 일본은 숙소를 잡을 때 비루(비어의 일본식 발음) 한잔할 수 있는 곳도 고려한다.

　신문기자는 남들 보다 하루를 더 빨리 시작한다. 당일 신문을 전날 찍기 때문이다. 아침에 집으로 배달되고 가판대에 깔리는 신문은 전날 자정 무렵에 제작을 마치고 밤새 인쇄가 된 뒤 세상에 뿌려진다. 월요일 신문을 만들기 위해 일요일에도 근무를 한다. 그래서 기자들은 휴일에 근무한다. 추석과 같은 명절에도 하루 일찍 업무를 시작한다.

　야구기자가 주로 쉬는 날은 월요일이다. 야구가 월요일에 쉬기 때문이다. 그렇다고 완전히 쉬는 것은 아니다. 야구장에 가지 않을 뿐이지 집에서라도 마감은 한다. 선배의 일화 하나가 있다. 월요일 오전 마감을 끝낸 뒤 집 근처를 어슬렁거리며 배회했다. 그 모습을 본 주변 아주머니들이 한결같이 이런 이야기를 했다고 한다.

　"저 사람은 일도 안 하고 백수인가 봐."

　가끔 이런 질문도 받는다.

　"야구기자 할 만해요?"

　야구기자의 힘든 점은 출장이 잦은 것과 야간 작업이 많다는 것이다. 야구가 연장전이라도 들어가면 자정까지 각오해야 한다. 그렇다고 아침에 쉬는 것도 아니다. 오전 마감을 해야 한다. 기사를 쓰는 것 자체가 힘이 들 때가 있다. 기사는 쓰고 싶을 때만 그리고 쓸 것이 있을 때만 쓰는 게 아니다. 그리고 창작의 고통이 따른다. 또한 어느 직장이나 마찬가지겠지만, 기자도 사람과의 관계가 쉽지 않다. 아마 세상살이 중 가장 힘든 게 정답이 없는 인간관계일 것이다.

한 후배가 힘들어하기에 이유를 물었더니 "시간이 없다."고 했다. 주로 밤 늦게까지 일하고 주말이나 공휴일에도 야구장에 가다 보니 주변에 친구가 줄어든다는 것이다.

그럼에도 야구기자를 할 만한 이유는 많다. 앞서 소개했듯이 야구를 좋아한다면 감독과 선수들을 가까이서 볼 수 있다. 마음을 터놓는 사이가 될 수도 있다. 야구 역사에 이름을 남긴 레전드와의 인터뷰도 즐거운 일이다. 파릇파릇한 신인선수가 커가는 모습을 기사를 통해 응원할 수도 있다.

그리고 전국 각지의 야구장을 돌아다니고 멀리 일본이나 미국 야구장으로 출장을 간다. 바다 건너 해외파 선수들과의 만남은 더욱 특별하다. 시즌이 끝나면 따뜻한 해외 스프링캠프를 함께 떠나기도 한다. 그래서 야구기자가 머무는 홈은 계속 바뀐다. 한 곳에 머물지 않는 강물처럼 움직이는 흥미로움이다.

보는 것만으로 아주 많은 것을 관찰할 수 있다.
요기 베라

언론사 내 직급은 복잡하지 않다. 기자로 시작해 차장, 부장으로
이어진다. 그리고 각 취재 부서를 총괄하는 편집국장이 있다. 그것이
전부이다. 모 선배가 자신의 소망은 '평생 기자를 하는 것'이라고 했
다. 연차가 되면 차장을 거쳐 부장이 된다. 그러면 현장과는 멀어진
다. 부장은 사무실에서 각 현장 기자들에게 업무를 지시하고 그들이
전송한 기사를 정리한다. 그 선배가 바라는 것은 진급을 못해도 좋으
니 계속 현장에서 기자로 살고 싶다는 것이다. 야구장으로 출근해 선
수단을 취재하고 기사를 쓰는 게 좋다고 했다. 그러나 우리나라 현실
에서 그건 쉽지 않다. 기자뿐 아니라 전 사회적으로 나이든 사람을
내모는 풍토이다. 경험이 중시되기보다 젊고 싼 인력에 집중한다. 베
테랑이 존경받는 사회가 아니다.

미국에 출장을 가면 각 메이저리그 구장을 다니는데 그곳에서는
백발의 야구기자들을 쉽게 볼 수 있다. 그들 중에는 심지어 타이핑을

하지 못해 전화로 기사를 부르는 노기자도 있었다. 그런 모습이 그저 신기했고 야구장의 살아 있는 역사 같아 부럽기도 했다. 한 자리에서 수십 년 동안 야구를 지켜보고 전해 온 그들의 이야기가 궁금했다. 명품은 단기간에 완성되지 않는다. 오랜 숙성의 시간이 필요하고 진정한 베테랑에겐 시간의 향기가 묻어난다.

이 세상에 재능이 없는 사람은 없다고 생각한다. 신은 누구에게나 존재해야 하는 재능을 선물했다고 믿는다. 단지 그 재능을 찾아내고 발휘하는 데 걸리는 시간이 다를 뿐이다. 빨리 자란 사람보다 충분한 숙성의 시간을 가진 사람이 오래 간다. 대기만성, 큰 그릇을 만드는 데는 시간이 걸린다.

하지만 다들 너무 빨리 베이스를 돌고 있다. 그래서 많은 사람이 홈까지 오지 못하고 중간에 그라운드 밖으로 밀쳐진다. 백발의 노기자가 자꾸만 생각난다.

1km 빨라지는 것보다, 1cm 뺄 수 있는 제구력이
더 위력을 발휘하는 게 야구이다.

한화 이글스 레전드 송진우

야구기자가 되어 야구장에 출입하면서 생긴 즐거움 중 하나는 대가들로부터 야구를 잘할 수 있는 방법을 들을 수 있다는 것이다. 감독은 선수들을 향해 부족한 부분과 보완할 부분을 논하곤 하는데, 이는 일반 야구인도 귀담아 들으면 좋은 내용이 많다. 그라운드에서 뛰는 선수들 역시 시즌 내내 작은 변화를 계속 시도하며 컨디션을 끌어올리는데 그들의 이야기도 큰 도움이 된다.

투구

투수뿐 아니라 프로선수들은 대개 어릴 적에 투수 생활을 경험했다. 그래서 경기 전 캐치볼을 할 때 여러 가지 변화구를 던져 가며 장난을 치기도 한다. 사회인 야구 투수의 가장 큰 로망은 불같은 강속구를 던지는 것이다. 그들에게 듣는 비결의 핵심은 밸런스이다. 와인드업(windup, 투수가 공을 던지기 전에 팔을 휘두르는 투구의 예비 동작)

에서 팔로스루(follow-through, 투수가 투구한 뒤 그 자세를 멈추지 않고 자연스럽게 이어가는 동작)까지 각 부분별 밸런스를 잘 지켜야 구속이 빨라지고 제구 역시 잡힌다고 귀띔했다.

마운드의 투수가 던지는 모습을 꾸준히 보는 것도 큰 도움이 되었다. 내가 찾은 강속구에 대한 해답은 '돌부처' 오승환의 투구 동작이었다. 그는 왼발을 내딛을 때 잠시 주춤했다가 지면을 밟는데, 이때 타자들의 타이밍을 빼앗는다고 알려져 있다. 그런데 불펜 투구하는 그의 옆모습을 동영상으로 찍어 따라해 봤더니 중심 이동의 비밀이 숨겨져 있었다. 덜컥 하면서 멈췄다가 내딛는 왼발이 지면을 밟을 때 체중이 순간적으로 회전하던 오른팔에 실렸다. 구위가 확실히 좋아지는 느낌이 들었다. 오승환의 동갑내기 마무리투수 손승락이 말하던 끝판대장의 체중 이동이 이런 게 아닌가 싶었다. 정작 오승환 본인은 "어릴 때부터 자연스럽게 그렇게 던졌다."며 의도한 게 아니라고 했다.

사회인 리그 투수의 대표적 문제점은 릴리스 포인트(release point, 투수가 공을 던질 때 공을 놓는 순간이나 지점을 이르는 말)가 뒤에 있다는 것이다. 학구파인 손혁 해설위원에 따르면 릴리스 포인트가 3cm 앞당겨지면 구속이 그만큼 빨라지고 타석의 타자가 느끼는 체감 속도 역시 3km 이상 빨라진다고 했다. 공을 놓는 포인트의 중요성은 선동렬 감독이 현역 시절에 보여 주었는데, 그는 공을 바닥에 패대기

칠 정도로 앞으로 끌고 나와 던졌다.

오승환이 자신도 모르게 덜컥 하는 동작은 릴리스 포인트가 타자 쪽으로 더 당겨지는 효과가 있다. 특히 멈칫 하는 순간 몸통과 두 눈이 포수 정면을 확실하게 바라보며 힘과 밸런스가 집중되었다.

사회인 리그의 투수가 빠른 공을 던지기 위한 프로의 조언은 몇 가지가 더 있다. 투구라는 게 물처럼 흐르는 동작이라 하나하나 끊어 설명하기가 쉽지 않지만, 정리하면 릴리스 포인트를 앞으로 당기는 것 외에 두 가지가 더 있었다.

첫째, 몸의 균형이다. 사회인 야구에서 투수가 공을 던지면서 내딤발이 틀어지는 경우가 많다. 우투수의 경우 왼쪽 무릎과 왼발이 바깥쪽인 1루쪽으로 틀어지는 것이다. 중심축이 홈 베이스로 향하지 못하고 좌측으로 오픈되며 제구력 난조와 함께 힘이 마지막 순간 흩어진다. 그래서 와인드업 자세부터 마지막 팔로스루까지 몸의 전진 방향은 균형을 잡으며 홈베이스를 향해야 한다.

둘째, 하체 이용이다. 사람은 팔보다 다리의 근육량이 월등히 많다. 삼성 안지만의 경우 스프링처럼 왼다리를 2루 쪽으로 감으며 힘을 충전하는데, 하체 힘을 이용하는 자신만의 동작이다. 사회인 리그 투수는 대게 팔로 던지는데 하체의 힘이 연결되게 해야 보다 강한 공을 던질 수 있다.

오승환식 멈춤 동작이 들어가는 슬라이드 스텝은 구속을 높이는 데 일반적인 방법은 아니다. 가장 널리 알려지고 쉬운 방법은 키킹 동작을 크고 높게 가져가는 것이다. 오승환은 불펜투수(구원투수, re- lief pitcher, 선발투수가 던지는 동안 불펜에서 몸을 풀면서 다음 순서를 기다리는 투수)라 키킹 동작을 간소하게 했지만, 키킹이 높으면 그만큼 공의 위력은 비례해서 증가한다. 메이저리그의 대표적인 강속구 투수인 놀란 라이언은 키킹할 때 무릎이 어깨까지 올라가는 하이킥을 선보였다.

프로선수에게 변화구에 대한 팁을 받기도 했다. 류현진 선수가 미국으로 떠나기 전 받은 원포인트 레슨은 던질 때 엄지손가락으로 공을 튕겨 주라는 것이었다. 아마추어가 하기에는 쉽지 않을거란 사족을 붙였는데, 역시 그랬다. 그래서 나는 팔로스로를 왼쪽 무릎 아래까지 끌고 가는 방식으로 회전력을 더했다. 커브 외에 슬라이더와 체인지업은 선수마다 조금씩 던지는 방식이 달랐다. 변화구를 익히기 위해서는 많은 반복훈련으로 자신의 것을 찾아야 한다고 했다.

구단프런트도 야구 경험자가 많아 도움이 된다. 오히려 현역선수보다 그들에게 듣는 조언이 더 와 닿기도 했다. 얼마 전 슬라이더 그립이나 원심 그립을 잡고 직구처럼 던져 보라는 조언을 받았다. 손목을 비틀지 않고 던졌는데도 싱킹패스트볼 궤적이 나왔다.

타격

타격을 잘하는 방법은, 한마디로 '공 보고 공 치기'이다. 날아오는 공을 가능한 오래 보고 정확히 쳐야 한다는 것이다. 그래서 프로선수들의 타격 사진을 보면, 타격 직전까지 시선이 방망이로 향하는 것을 볼 수 있다. 그러나 사회인 야구의 수준에서 프로들이 쉽게 말하는 '공 보고 공 치기'는 멀고 먼 이상향이다. 그걸 받혀 주는 체력과 기술은 안드로메다에서나 찾을 수 있다. 그래도 실전 경험으로 다져진

프로의 원포인트 레슨은 큰 도
움이 된다.

　롯데 자이언츠의 초대 감독이
자 삼성과 태평양 감독을 역임
한 박영길 〈스포츠서울〉 객원기
자는 타격을 할 때 가장 중요한
포인트로 중심 이동을 지적했
다. 좋은 중심 이동은 장타를 만
드는 데 필수 요소이다. 핵심은

타격할 때 우타자의 경우 왼쪽 발에 무게가 대부분 실려야 한다는 것
이다. 그리고 야구 초보에게 가장 와 닿았던 부분은 임팩트 순간 방
망이를 잡고 있는 오른손 바닥이 정면을 향해 밀듯이 나가야 한다는
것이었다.(우타자 기준)

　염경엽 감독은 투수가 공을 던지면 잘 치는 타자들의 경우 타석에
서 살짝 뒤로 상체를 뺐다가 친다고 알려 주었다. 짧은 순간이지만
공을 더 보는 여유가 생기고 전진하는 반발력으로 강한 타구를 생산
할 수 있다는 게 포인트이다. 나는 그날 바로 동네에 있는 코인베팅
센터에 가서 100개 정도의 공을 치며 그 감을 느껴 봤다.

　빅리거 추신수는 타자가 타격을 할 때 다운스윙, 레벨스윙, 어퍼스
윙 등 여러 가지 타격 방식이 있지만, 공을 타격하는 순간만큼은 레
벨스윙을 해야 한다고 깔끔하게 정리해 주었다. 사람의 체형과 기술
에 맞게 방망이를 휘두르는 방법은 여러 가지가 있지만, 맞는 순간은
평행을 이루는 게 좋다는 결론이다.

타격 코치들은 스윙을 할 때 고개를 숙이라고 알려 주었다. 좋은 타자일수록 공을 오래 보는데, 그 비결이 고개를 숙이는 것이며 그래야 공의 궤적을 추적하기 용이하다고 했다. 고개를 들면 공과의 시선이 그만큼 멀어지는 단점도 있다. 그리고 투구와 마찬가지로 타격 역시 '칠 수 있다'는 자신감을 가져야 한다고 했다. 이는 곧 타석에서 투수에 대해 적극적이며 공격적으로 대드는 투지를 가지라는 이야기이다.

독설로 유명한 이순철 전 LG 트윈스 감독은 준비 동작을 강조했다. 투수가 와인드업 하며 투구 동작에 들어가면 타석의 타자도 시동을 걸며 호흡을 맞춰야 한다고 했다. 칠 것인지 말 것인지 그리고 직구와 변화구에 대응하는 마음가짐도 이미 결정해 두어야 한다고 했다. 그래야 투수의 공이 타자의 존(Zone)에 들어왔을 때 자신 있게 스윙을 할 수 있다고 했다. 여기서 말하는 존은, 타자가 방망이를 휘둘렀을 때 공을 강타하는 자신만의 영역을 뜻한다.

다운스윙, 레벨스윙, 어퍼스윙

다운스윙은 위에서 아래로 치는 것으로 방망이가 간결하게 나온다. 일본에서 넘어온 타격 기술의 산물로 얼마 전까지 다운스윙처럼 깎아 쳐야 한다는 분위기가 있었다. 지금은 그런 이야기가 쏙 들어간 상태이다. 레벨스윙은 방망이가 공의 궤적을 수평으로 때리는 것이다. 여기서 말하는 수평은 지면이 아닌 타자 몸과의 평형을 뜻한다. 그리고 어퍼스윙은 공을 걷어 올리는 것이다. 타격 순간의 사진이나 영상을 보면 대부분 레벨스윙이다. 즉 스윙은 방망이가 나올 때는 다운스윙, 타격 순간은 레벨스윙, 그리고 나서 자연스럽게 어퍼스윙으로 전환한다고 보면 된다.

선동렬 감독

해외 전지 훈련지의 분위기는 상당히 좋다. 더 나은 미래를 준비하는 과정이기에 선수단에는 기대와 흥분, 열정이 풍선처럼 부푼다. 매일같이 피 말리는 승부의 세계를 떠난 그들의 얼굴에는 봄날 같은 미소가 번진다. 기자 입장에서 스프링캠프 취재는 상대적으로 여유롭다. 정규 시즌을 치르는 기간에는 감독과 선수들이 아무래도 민감한 편이다. 그런데 스프링캠프에서는 그들도 승부사 본색을 잠시 내려놓는다. 전훈지에서 만나는 감독도 이때만큼은 취재진을 부담 없이 반겨 준다.

선동렬 감독은 지난 2004년 삼성 감독 시절에 스프링캠프에서 취재진 3명과 재미있는 내기를 했다. 자신이 한 사람당 10개의 공을 던질 테니 그중 1개만 안타를 치면 식사를 사겠다는 내기였다. 기자 입장에서 10개 중에서 1개, 즉 1할만 치면 이길 수 있는 내기였다. 게다가 선 감독이 변화구를 던지지 않고 직구 승부만 하겠다고 공언했다. 충분히 승산이 있어 보였다. 고참 기자 순서대로 타석에 섰다. 그런데 선 감독이 너무 만만하게 생각했던 것일까. 아님 방심했을까. 그

선동렬 감독

야구는 몰라도 '선동렬'이라는 이름은 알 정도로 한국 프로야구를 대표하는 레전드 중 한 명이다. 1963년에 전라남도 광주에서 태어난 선동렬은 광주제일고등학교와 고려대학교를 거쳐 연고팀 해태 타이거즈에 입단하며 프로에 입문했다. 고교 시절부터 특급 선수로 유명세를 치렀고 국내 프로를 평정한 뒤 일본으로 넘어가 나고야의 태양으로 맹활약했다. 국내 리그에서는 11년간 6번의 한국시리즈 우승을 이끌었고 3차례에 걸쳐 정규 시즌 MVP에 선정되었고 골든글러브에는 6회나 뽑혔다. 일본에서는 주니치 드래곤스에서 마무리 투수로 뛰며 세이브 1위에 오르기도 했고 1999년 주니치의 리그 우승을 견인한 뒤 현역 은퇴를 선언했다. 이후 스승 김응룡 감독의 부름을 받고 삼성 라이온즈에서 지도자로 활동했다. 2005년부터 2010년까지 삼성 감독을 역임하며 2년 연속 우승을 차지하는 등 지도력을 인정받았다. 2011년 부터는 KIA 타이거즈의 감독을 맡고 있다.

기자가 초구를 때려 안타를 만들어 냈다. 일순 선 감독의 얼굴이 굳어졌다. 아무리 재미로 했지만, 승부는 승부였다. 현역을 떠난 지 10년이 지났으나 그래도 무승산 폭격기이고 나고야의 태양이었는데 초구부터 맞다니.

내기는 계속되었다. 잠시 스트레칭으로 몸을 푼 선 감독은 다른 사람이 되었다. 작정한 듯 팔을 휘둘렀고 공은 무시무시한 속도로 포수 미트에 꽂혔다. 현역에서 은퇴했지만, 당대 최고 투수의 공은 여전히 뱀처럼 꿈틀거렸다. 그러나 그 기자도 악착같이 방망이를 휘둘러 한 타 1개를 더 추가하며 안타 2개를 기록했다. 1라운드는 기자가 승리했고 선 감독은 패배했다.

2라운드가 시작되었다. 다음 기자가 타석에 섰다. 이미 마운드에는 거의 전성기 시절로 돌아간 선 감독이 서 있었다. 두 번째 타석에 들어간 그 기자는 당시의 놀라웠던 기억을 증언했다.

"오른팔이 홈플레이트 앞까지 쑥 뻗는 느낌이었다. 공을 놓는 포인트도 낮았다. 마치 공을 땅바닥에 패대기치는 것 같았다. 분명 공이 바닥에 2~3번 튕겨 들어올 것 같았는데 포수 미트에 꽂혔다. 불가사의했다."

그런데 그 기자도 안타를 하나 쳤다. 선 감독이 공을 놓는 순간에 맞춰 냅다 방망이를 휘둘렀는데 운 좋게 맞은 것이다. 얻어 걸린 안타였다.

두 타자에게 안타 3개를 허용한 선 감독은 정색을 하고 "이제 그만 합니다."라고 말하며 마운드에서 내려왔다. 그리고 "밥이나 먹으러 갑시다."라고 하다가 남아 있던 마지막 타자를 보고선 타석으로 불렀다. 내기에서는 졌지만, 승부를 끝까지 하겠다는 것이다.

세 번째 타자는 내심 자신이 있었다. 대학 시절에 야구 동아리에서 활동하며 평소 야구를 즐겼기 때문이다. 그러나 그의 자신감은 오래 가지 않았다. 선동렬 감독이 몇 번의 피칭으로 구위를 완전히 회복했기 때문이다. 그 기자의 증언을 들어보자.

"공을 바닥에 패대기 치는데 그 공이 중간에 사라졌다. 그러다 휙 소리와 함께 무릎 옆으로 꽂혔다. 칠 수가 없었다. 그게 직구였다. 오승환의 직구가 높은 데서 뚝 떨어지는 공이라고 한다면 선 감독의 공은 바닥을 뚫고 오는 느낌이었다. 게다가 중간에 공이 보이지 않았다. 체질이 다른 직구였다."

선 감독은 세 번째 타자에게는 자신의 주무기였던 슬라이더를 맛보기로 2개 연달아 던졌다. 그 기자는 "슬라이더가 몸에 맞을 것 같아 뒤로 주저앉을 뻔 했다. 식은땀이 흘러내렸다."고 회상했는데 두 번째 슬라이더가가 들어오자 이번에는 용기를 내서 방망이를 돌렸다. 그러나 선 감독의 슬라이더는 날카롭게 꺾이며 방망이를 피해 스트라이크 존에 꽂혔다. 그러자 마운드의 선 감독은 이제서야 만족한 듯 "이제 밥 먹으러 갑시다."라고 말하며 활짝 웃었다.

오승환 선수

오승환의 '돌직구'를 삼성 라이온즈의 오키나와 마무리 캠프에서 체험했다. 한마디로 끔찍한 경험이었다. 대포알처럼 지나가는 직구를 보면서 '맞으면 죽겠다.'라는 생각이 들었고, 체험이 끝난 뒤에도 상당한 흥분과 함께 손이 약간 떨리는 것을 느낄 수 있었다.

직구 3개를 체험하기로 오승환과 약속했다. 불펜 포수가 타석에 선 기자를 보더니 씨익 웃는다. '왜 웃는 거지.'라고 궁금해할 필요는 없었다. 의미를 알고 있으니까.

옆에서 지켜보던 투수 코치가 "오승환이 맞힐지도 모른다."면서 겁을 준다. 설마……. 하지만 순간적으로 공포감이 밀려왔다. 바깥쪽 위주로 강력한 포심패스트볼을 던지는 스타일이라 사구(死球, 타자의 몸을 맞히는 투구)가 적지만 불안감을 떨칠 수 없었다. 유니폼이 아닌 사복을 입은 '민간인'이기에 오승환이 오히려 부담을 느낄 수 있다는 생각도 들었다. 이때 곁에서 코치가 웃으며 한마디 거들었다.

"맞으면 죽을 수도 있다."

포수가 홈플레이트가 박힌 땅 옆에 스파이크로 선을 그었다. 타석이다. 드디어 끝판대장의 '돌직구'를 맞닥뜨리는 순간이다.

"자, 이제 갑니다."

오승환이 와인드업을 시작했다. 초구다. 나름 타이밍에 맞춰 스윙하는 시늉이라도 해 보려고 덤벼들었다. 그런데 쾅!

응? 뭐가 지나가긴 했다. 대포알이 지나간 것 같았다. 공은 이미 포수 미트에 박혀 있었다. 약간 바깥쪽 직구였다. 조금 전까지 어떻게든 적극적으로 덤벼 보려고 했던 마음이 싹 가셨다. 야구기자들은 평소 취재를 하면서 불펜 피칭하는 투수의 모습을 코치들과 함께 뒤에서 지켜볼 때가 있다. "야, 저 투수 공 좋은데요. 쭉쭉 들어가네요."라며 아는 체를 하곤 했지만, 타석에 서 보니 이건 완전히 다른 세상이었다.

2구째를 던지기에 앞서 오승환은 "자, 이제 몸 쪽 갑니다."라고 말했다. 대체 왜! 굳이 요구하지도 않았는데 몸 쪽으로 던진다는 걸까. 나도 모르게 주춤주춤 몇 발자국 뒤로 움직였다. 그리고 날아온 2구. 이번에는 초구보다 더 가운데 쪽이었다. 역시 '쾅' 하는 소리가 들린 것처럼 느껴졌고 공은 여전히 날아오는 게 안 보였다. 그냥 오승환이 팔 스윙을 하고 곧바로 등 뒤 미트에서 소리가 났다. 하지만 몸 쪽 공은 아니었다. 오승환의 장난기가 발동된 것이다. 그는 생각할 틈도 주지 않고 "이번에는 진짜 몸 쪽입니다."라고 다시 말했다. 맙소사, 이번에는 진짜다. 포수가 앉은 채로 움직이면서 내 쪽으로 착 붙었다.

그리고 3구째. 최고의 경험인 동시에 평생 잊을 수 없는 끔찍한 순간이었다. 엉거주춤 서 있는 기자의 무릎 위 높이, 몸 쪽으로 공이 날아들었다. 가만히 서 있어도 맞을 공은 아니었겠지만, 몸은 본능적으

돌부처 오승환

삼성 라이온즈의 뒷문을 지킨! 한국 최고의 소방수이다. 그는 2005년, 삼성의 2차 1순위(전체 5위)로 지명 받으며 프로 생활을 시작했다. 데뷔 첫해 10승 1패 16세이브 11홀드를 기록하며 전천후 투수로 활동하다 이듬해 2006년부터 본격적인 마무리에 나섰다. 국내 무대에서 통산 9년 동안 277세이브를 달성하며 신기록을 세웠다. 2006년과 2011년에는 각각 47세이브를 기록하며 아시아 최다 세이브 기록을 보유하고 있다. 빠른공이 주무기이며 구속은 150km대 전후반을 찍는다. 여기에 슬라이더의 투 피치로 타자를 압도하는 스타일이다. 불 끝이 좋아 타자들이 알면서도 치지 못한다고 한다. 그리고 파워 피처이면서도 제구력이 뛰어나 구위의 파괴력이 더욱 상승했다는 평가이다. '끝판대장'으로서 삼성 라이온즈의 통합 3연패(정규 리그와 한국시리즈 우승)에 크게 공헌한 뒤 2014시즌부터 일본 프로야구 한신 타이거즈의 수호신으로 변신했다.

로 뒤로 휙 빠졌다. 그리고 입에서 "으악!" 하는 소리가 절로 나왔다. 식은땀이 흐르는데 오승환은 마운드에서 웃고 있었다. 본래 3개를 체험하기로 했지만, 그는 4구째 슬라이더를 한 번 더 던졌다. 낮은 코스였다. 이미 '정신줄' 놓고 있던 나는 멍하니 서 있었을 뿐이다. 체험이 끝난 뒤 포수에게 어느 정도 스피드였냐고 물으니 143km 정도 나왔을 것 같다고 했다. 오승환은 실전에선 150km 이상을 던지는 투수이다. 오승환의 공을 건드리는 타자들이 더 놀랍게 느껴졌다.

체험을 마친 뒤 투수 코치가 말했다.

"그러지 말고 다음 기회에는 아예 몸에 맞아보는 것을 체험하는 건 어때?"

"전 오래 살고 싶어요."

2011년 11월 21일. 〈스포츠조선〉

김남형 기자(현 삼성 라이온즈 홍보팀)

별명으로 보는 야구인

　야구선수에게는 그들의 스타일에 맞는 별명들이 있다. '돌부처' 오승환은 마운드에서 표정 변화가 거의 없다 보니 붙은 별명이다. 안타를 잘 맞지 않는 철벽 마무리이지만, 가끔 안타를 맞아도 표정 변화가 거의 없다. 그런 모습은 평상시에도 마찬가지이다. 즐거울 때와 화날 때의 표정이 비슷하다. 무표정의 진지함은 그의 매력 포인트이지만, 사실 그는 3남 중 막내아들로 초등학교 시절에는 치마를 입곤 했다. 딸을 원했던 어머니가 그를 여자 아이처럼 키웠기 때문이다. 그래서일까 집에서 화초를 가꾸는 취미도 있다.

　초인적인 야구 기록으로 별명이 붙은 선수로는 무쇠팔 최동원과 불사조 박철순이 있다. 최동원은 롯데 자이언츠 시절이던 1984년에 전인미답의 한국시리즈 4승을 기록했다. 10일 동안 한국시리즈 5경기에 출전해 2번의 완투승과 1번의 완봉승, 1번의 구원승 그리고 1번의 완투패를 기록했다. 특히 10월 6일에 치러진 5차전 완투패에 이어 다음날인 7일에는 불펜으로 나와 구원승을 거두었고 이틀 뒤 9

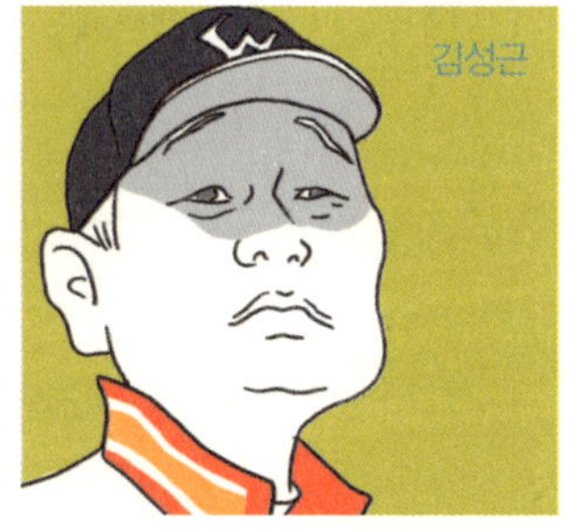

일에 열린 7차전에 선발로 나와 완투승으로 팀을 한국시리즈 정상에 올리는 괴력을 보였다. 육체의 고통을 투혼으로 이겨 낸 그에게 붙은 별명이 무쇠팔이다.

불사조 박철순은 국내 프로야구에서 다시는 보기 힘든 22연승의 주인공이다. 메이저리그 밀워키 산하 마이너리그에 입단해서 트리플A까지 올라간 뒤 국내에 돌아와 OB 베어스에 입단해 1982년에 22연승을 기록하는 등 24승 4패 7세이브로 한국 프로야구의 서막을 화려하게 장식하며 MVP에 올랐다. 그러나 혹사로 인한 부상이 발목을 잡으며 원년 이후 힘든 기간을 보내야 했다. 재활과 부활이 반복되었다. 그러나 1994년 최고령 완봉승에 이어 1995년 팀의 한국시리즈 우승에 공헌했다. 부상을 딛고 일어나는 감동적인 모습으로 불사조라고 불린다.

최고의 자리에 오른 이에게 붙는 명예로운 닉네임의 주인공도 있다. 김성근 감독은 야구의 신이라는 뜻의 '야신'이 별명이다. 2002년 한국시리즈에서 삼성 라이온즈와 LG 트윈스는 승부를 기약할 수 없

는 흥미진진한 경기를 펼쳤는데 6
차전까지 역전과 재역전을 거듭했
다. 양 팀의 수장은 LG 김성근 감독
과 삼성 김응룡 감독이었다. 결국
6차전에서 삼성의 마해영과 이승
엽의 백투백 홈런으로 삼성이 승리
했다. 프로야구 사상 최고의 명승
부로 꼽히는 승부였다. 경기 후 승
장 김응룡 감독은 패장 김성근 감
독을 향해 "야구의 신 같은 친구"라
고 격찬했다. 이를 줄여 '야신'으로
불리기 시작했다.

　대한민국 최고의 타자로 손꼽히는 이승엽은 1995년에 데뷔해
2003년 세계 최연소 300홈런 고지를 밟았고, 그해 시즌 56호 홈런으
로 최다 홈런 신기록을 세웠다. 그 외 3년 연속 정규 시즌 MVP에 오
르는 등 절정의 기량을 과시했다. 2004년부터 일본 프로야구에서 뛰
며 요미우리의 4번 타자를 하는 등 타고난 타격감을 뽐냈다. 각종 국
제대회에서 팀을 정상에 올려놓으며 합법적인 병연 면제 브로커라
는 별명도 갖게 되었다. 팀이 꼭 필요한 순간 쏘아 올리는 한 방으로
국민타자라는 명예를 얻었다.

　한국을 대표하는 선수로 코리안특급 박찬호가 있다. 메이저리그
에서 통산 124승을 달성하며 동양인 최다승 투수에 등극했다. 데뷔
초반 160km에 달하는 강속구를 내세워 빅리거 타자들을 돌려세웠

고 IMF로 힘들어하는 대한민국 국민들에게 그의 역투는 용기와 힘을 실어 주었다.

성격이나 보여 주는 행동에 따라 별명이 붙은 야구인도 있다. 이만수 감독은 현역 시절에 홈런 치고 좋아하던 모습에서 헐크라는 별명으로 불렸다. 정확성과 파워를 겸비했던 그는 홈런 후 두 팔을 머리 위로 들고 베이스를 돌면서 펄쩍펄쩍 뛰어다녔다. 팬 서비스 측면에서는 만점 세리머니였지만, 상대편의 심기를 불편하게 하기도 했다.

롯데 자이언츠의 레전드 박정태는 악바리뿐 아니라 근성, 독종이라는 살벌한 별명의 주인공이다. 근성이 없다면 거인의 유니폼을 입을 자격이 없다고 일갈하기도 했는데 왜소한 체격의 약점을 이겨 내기 위해 만들어 낸 흔들 타법의 창시자로 유명하다.

이상훈은 갈기 머리를 휘날리며 마운드를 향해 늘 뛰어올라가 야생마라는 별명을 얻었다. 팬들이 기다릴까 봐 질주한 그의 자세는 프로의 표상이기도 하다.

안지만은 야구모자를 힙합 모자를 쓴 것처럼 삐딱하게 쓰고 투구하면서 힙지만이라고 불리고 있다.

야구인들의 별난 별명

코끼리 김응룡

거대한 체구 때문에 코끼리 감독이라 불린다. 평소에는 진중하지만 화가 나면 앞뒤를 가리지 않고 지상 최강의 동물인 코끼리 같은 카리스마를 드러낸다.

달감독 김경문

이름의 마지막 글자에서 따 온 별명이다. 서울 잠실 쪽에 자신의 별명을 붙인 문카페를 오픈하기도 했다.

바람의 아들 이종범

빠른 발, 강한 어깨, 정확성과 파워, 넓은 수비 등 야구의 모든 것을 겸비했다는 평가를 받으며 야구 천재라는 별명을 얻었다.

회장님 송진우

프로야구선수협의회 초대 회장을 맡았다. 적지 않은 나이에 회장에 오르며 '회장님'이라는 닉네임이 붙었다.

버퍼링박 박한이

타석에서 준비 동작이 유독 많다. 마지막에 헬멧을 쓸 때 냄새를 맡는 것처럼 보이는 동작이 특히 눈길을 끈다.

배열사 배영수

자신의 오른팔 인대와 팀의 우승을 맞바꾸며 '푸른 피의 에이스'라고도 불린다. 배열사는 WBC에서 "30년간 일본을 넘보지 못하게 하겠다."고 망언한 이치로에게 데드볼을 던지며 얻은 칭호이다.

김별명 김태균

그의 별명은 끝이 없다. 김꽈당, 김울먹, 김소녀, 김하품, 김질주, 김쭉쭉, 김둔갑, 김몰매, 김끈적, 김세잎, 김뇌세 등 지금 이 순간도 확대·재생산되고 있다.

옹박 이종욱

동료들도 그를 '옹박'이라 부를 정도이다. 영화 〈옹박〉의 주인공 토니 자와 외모가 무척 흡사하기 때문이다. 영화 속 주인공처럼 이종욱도 그라운드에서 몸을 사리지 않는 허슬 플레이로 유명하다.

이익수 고영민

주 포지션은 2루수이지만, 우익수의 수비 범위까지 커버할 만큼 넓은 수비력을 자랑하면서 이익수로 불린다. 탁월한 수비력 때문에 팔이 쭉쭉 늘어나는 '컴퓨터 형사' 가제트의 캐릭터를 따와 '고제트'라고도 불린다.

향운장 최향남

마운드에서 인터벌이 너무 짧아 차가 식기 전에 세이브를 올린다. 포기하지 않는 도전으로 향기남이라고도 불린다.

꽃범호 이범호

이범호는 '꽃범호'라고 불린다. 그와 비슷한 (?) 외모를 가진 오지헌이 개그 프로그램인 '꽃보다 남자'라는 코너를 맡아서 생긴 별명이다. 그러나 안타 치고 홈런 칠 때는 진짜 F4 못지않다.

무등 메시 김선빈

한국 프로야구 최단신 선수로 신발 사이즈도 230mm 정도이다. 하지만 스페인 프리메라리가 FC 바르셀로나에서 뛰고 있는 리오넬 메시(169cm)처럼 작은 키에도 큰 선수 이상의 플레이를 펼치면서 무등 메시라는 별명을 가지게 되었다.

야구 관계자가 사는 법

사진기자, 홍보, 치어리더, 아나운서

사진기자

사람들은 대개 한 줄의 글보다 한 장의 이미지로 무언가를 기억한다. 글이라는 것도 어찌 보면 이미지를 텍스트로 변환한 것이다. 그래서 사진의 힘은 크다. 역사의 증언자는 열 마디 글보다 말 없는 사진인 경우가 많았다. 그리고 한 장의 사진은 타임머신과도 같다. 지난 기억을 오늘의 기억으로 치환시킨다.

사진기자, 그중에서 스포츠 사진기자는 다이내믹한 선수들의 모습을 앵글에 담는다. 투수가 공을 놓는 순간이나 타자가 방망이로 공을 타격하는 순간을 놓치지 않는다. 예측할 수 없는 찰나의 승부사이다. 그래서 스포츠 사진기자는 무척 전문적이다. 이들은 그라운드에서 치고 달리는 선수의 생생한 모습을 담기 위해 주로 망원렌즈를 즐겨 사용한다. 선수들의 이마에서 흘러내리는 땀방울을 생생하게 잡아낸다. 사진기자가 되는 방법은 취재기자가 되는 방법과 비슷하다. 단 사진에 대한 기본적인 이해와 카메라에 익숙하면 유리하다. 여기에 스포츠 전문 사진기자가 되려면 결정적인 순간을 포착해 내는 능력을 겸비해야 한다.

홍보 전문가는 인기 직종이다. 구단 홍보팀은 구단의 소식을 잘 정리해 외부에 전하는 일을 한다. 한 구단 홍보팀장은 홍보의 성격을 이렇게 정의했다. "99번 잘해도 1번 실수하면 와르르~"라고. 제9구단 NC 다이노스의 초대 홍보팀을 이끌고 있는 최현 팀장의 이야기를 들어 보자. 그는 야구 홍보에서 조금은 색다른 이력의 소유자이다. 대학 시절에 농구에 흠뻑 빠져 프로농구 KT 소닉붐에서 홍보 일을 시작했다. 그리고 NC 다이노스가 창단되면서 야구팀으로 옮겼다.

야구와 농구는 어떤 차이가 있을까. 최 팀장은 "업무는 비슷하지만 규모면에서 야구가 더 크다."라고 했다. 야구가 대중에게 더 노출 빈도가 높고 인기가 높다는 것으로, 다시 말하면 일이 더 많다는 것이다. 특히 막 창단한 신생팀이라 새 역사를 만드는 영광과 함께 업무 스트레스가 만만치 않다고 했다.

그는 홍보의 핵심으로 '서비스 마인드'를 강조했다.

"홍보팀에서 일하다 보면 클레임(불만, 이의 제기)이 많이 들어오는데 조율이 중요하다. 경험이 없으면 당황하게 된다. 조금씩 방법을 깨우쳐 나가야 한다. 홍보에서 가장 중요한 것은 경험이다."

야구단에는 홍보뿐 아니라 경영 지원, 마케팅, 운영 등 여러 부서가 있다. 주 업무는 다르지만 이들 모두 서비스 마인드로 무장해 있다. 경영 지원은 직원들의 복리후생을, 마케팅은 팬들을, 운영은 선수단을, 홍보는 미디어와 팬들을 위한 서비스 마인드를 가지고 있다. 그리고 이들의 공통점은 팀 성적에 웃고 운다는 것이다.

치어리더

프로야구의 조연에서 이제는 주연이 되었다. 유명 치어리더의 경우 전국적인 인지도와 인기를 자랑한다. 그동안 흘린 땀과 노력이 많았다. 치어리더는 경기 시작 전에 2~3시간에 걸쳐 20여 개가 넘는 노래에 맞춰 연습하며 공연을 준비한다. 몸에 완전히 녹아들 때까지 연습을 멈추지 않는다. 수천 명이 보는 단상에서 실수를 하면 안 되기 때문이다. 야구장에는 선수들보다 일찍 도착해 화장과 의상을 갖춰 입는다. 이들은 경기가 시작되기 전부터 바쁘다. 이벤트를 진행하고 짬을 내 식사를 마쳐야 한다. 그리고 경기 시작과 함께 무대 위로 치어리더가 올라가면 야구장은 흥겨운 잔치판으로 바뀐다.

응원하는 팀이 잘하면 신나게, 못하면 더 신나게 응원한다. 힘든 점도 많다. 매일 같이 반복되는 연습을 해야 하고 한여름 더위와 쌀쌀한 늦가을의 추위를 견뎌내야 한다. 야구가 끝나고 들어가면 자정이 훌쩍 넘고 쉬는 날도 거의 없다. 좋아서 하지 않으면 어려운 직업이지만 이들의 열정이 프로야구를 더욱 신나게 만들었다.

스포츠 전문 케이블방송이 늘어나며 여성 아
나운서가 늘었다. 이들의 하루는 아침 일찍 전
날 벌어진 경기 결과를 꼼꼼하게 확인하면
서 시작한다. 당일 경기뿐 아니라 이전 경
기까지 알아야 경기 후 리포팅을 제대
로 할 수 있다. 현장 근무가 없는 날에도
야구장을 찾아 현장감을 익힌다. 점심 무
렵에 메이크업을 받은 뒤 3시쯤 야구장에
도착한다. 그라운드에 들어갈 때 단화로 갈
아 신는 센스는 기본이다. 더그아웃에서는
양 팀 감독과 코치, 선수들과 만나 취재를 한
다. 수첩에 메모하는 것도 잊지 않는다. 감독
의 구상과 선수들의 몸 상태를 미리 알아 두
면 경기 후 인터뷰에 큰 도움이 된다.

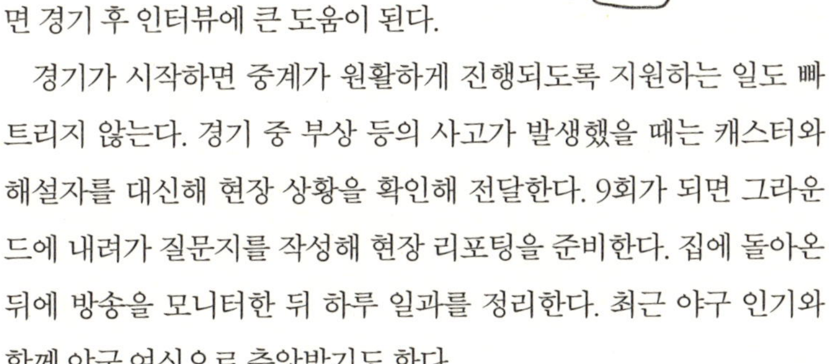

경기가 시작하면 중계가 원활하게 진행되도록 지원하는 일도 빠
트리지 않는다. 경기 중 부상 등의 사고가 발생했을 때는 캐스터와
해설자를 대신해 현장 상황을 확인해 전달한다. 9회가 되면 그라운
드에 내려가 질문지를 작성해 현장 리포팅을 준비한다. 집에 돌아온
뒤에 방송을 모니터한 뒤 하루 일과를 정리한다. 최근 야구 인기와
함께 야구 여신으로 추앙받기도 한다.

남자라면 감독

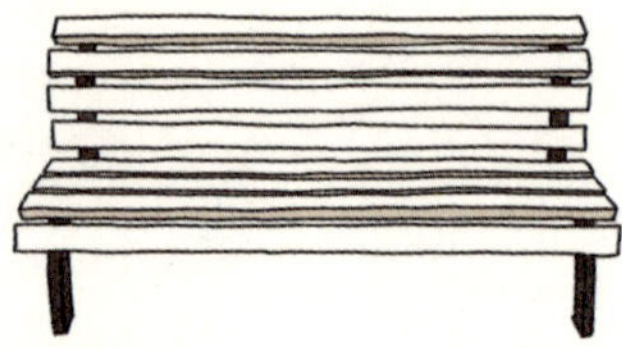

너희들이 달고 있는 등번호는 모두 킨테츠 버팔로즈의 영구 결번이다.
나시다 마사타카,
전킨테츠 버팔로즈 감독,
오릭스 블루웨이브와의 합병으로 사라지게 된 킨테츠 버팔로즈의 시즌 마지막 경기에 앞서 한 말

남자가 태어나 해 볼 만한 대표적인 3대 직업에 야구 감독이 포함되어 있다. 나머지는 함장과 지휘자이다. 모두 전문가 집단을 이끌고 조율하고 운영하는 마스터들이다. 야구기자에게 첫 번째 취재 대상은 감독이다. 이유는 크게 두 가지이다. 우선 취재진과의 접촉 빈도수와 시간이 가장 많다. 취재 구조가 그렇다. 그리고 감독은 선수단 운영을 총괄하는 책임자로 그들의 말 한마디에는 총체적인 책임감이 담겨 있다. 그래서 감독은 곧 팀을 말한다.

옥상에서 내려와 처음 야구 감독을 접할 때는 말 걸기가 쉽지 않았다. 대부분 수많은 난관을 극복해 온 당대의 스타플레이어 출신이다. 그들에게선 강렬한 카리스마가 느껴졌다. 연배도 차이가 났다. 하지만 자주 접하다 보니 강단 있고 카리스마 넘치는 겉모습에 가려진 그들의 애환을 느끼게 되었다. 살 떨리는 승부의 세계에서 냉혹할 수밖에 없는 배경과 성적에 따른 엄청난 스트레스 그리고 일주일 내내 선수단을 관리하느라 격무에 시달리는 모습은 고독했다. 그러나 겉으로는 아무런 동요 없이 냉철함을 유지하는 내공에 놀라기도 했다. 앞에서는 화려한 스포트라이트를 받지만 뒤에서는 홀로 고독을 즐겨야 하는 야구 감독은 그라운드의 진정한 승부사이다.

김응룡 감독

　한국 프로야구의 역사이다. 프로야구 통산 최다승과 최다 우승에 빛나는 명장이다. 1983년부터 2000년까지 18년간 해태 타이거즈의 감독으로 활동하며 한국시리즈에서 9번 우승했다. 2000시즌을 마치고 수석코치 김성한에게 감독직을 넘기고 라이벌팀인 삼성 라이온즈 감독으로 자리를 옮겼다. 2002년에 정상을 차지하며 통산 10회의 한국시리즈 우승을 달성했다. 2004년 한국시리즈 준우승을 차지한 뒤 수석코치였던 선동렬에게 지휘봉을 넘겨 주고 삼성 라이온즈 사장으로 승진했다. 사장 김응룡은 선수들에게 은퇴 후 최고경영자가 될 수 있다는 희망을 심어 주었다. 6년간 구단을 경영한 뒤 2013년에 한화 이글스 감독이 되어 현장에 다시 복귀했다.

　평안남도 출신인 김응룡 감독은 6·25 전쟁 이후 피난처였던 부산에서 처음 야구를 시작했는데, 처음에는 축구선수로 이름을 날렸다. 그러던 중 밥을 배불리 먹여 준다고 해서 야구를 시작했다. 부산 개성중학교 1학년 때 포수로 야구공을 잡았고 우석대학교 시절 국가

대표팀 4번 타자로 명성을 떨쳤다. 실업야구에서는 연거푸 홈런왕에 오르며 전성기를 구가했고 32세의 젊은 나이에 한일은행에서 감독으로 지도자 생활을 시작했다. 30년 이상 계속된 감독 인생의 시작이었다.

김성근 감독

직업이 야구이다. 일구이무의 삶을 실천해 왔다.

"한계를 설정하면 거기까지밖에 발전하지 못한다. 벼랑 끝에 서 있다고 생각하면 안 될 일이 없다."

김성근 감독이 남긴 수많은 명언은 그의 삶을 그대로 반추하게 한다. 김성근 감독은 선수들에게 엄하다. 선수 한 명을 잡으면 단내가 나게 훈련시키고 쉬는 날에는 잠만 자게 할 만큼 훈련량이 많다. 김성근 감독이 혹독하게 지도하는 이유는 승부에 대한 엄숙한 존경 때문이다.

"승부는 눈물겨운 것이다. 나 하나에 우리 가정은 울고 웃는다. 내가 던지는 공 하나에 내 가족의 생계가 달려 있다는 절박함이 있다면 쉽게 던질 수 있겠는가. 고통을 이겨 내야 행복해질 수 있다."

김 감독은 타협을 모르는 성격 탓에 오해를 많이 샀다. 그러나 피말리는 승부의 세계에서 살아가야 하는 숙명에 누구보다 당당했다. 그리고 감독이라는 위치에 가장 걸맞은 명언으로 자신에게도 냉혹함을 여실히 드러냈다.

"사람은 버리는 게 아니다. 지금 당장 실력이 모자라더라도 끝까지 그 선수의 잠재력을 끌어내야 한다. 리더는 결과로 말해야 한다."

김인식 감독

국민 감독이다. 2002년 부산 아시안게임에서 야구대표팀을 맡아 금메달을 목에 걸었고, 2006년 1회 WBC에서 국가대표팀 감독으로 4강 진출에 성공했다. 이후 건강상의 이유 등으로 국가대표 감독을 하지 않겠다고 밝혔지만, 2009년 WBC에서 다시 태극전사들을 이끌고 한국대표팀을 준우승까지 이끌었다. 국가대표팀 사령탑을 맡는 것은 대단한 영광이지만, 선뜻 받아들이기가 쉽지 않다. 영예로움과 함께 짊어질 책임이 막중해서이다. 2009년 2회 WBC를 앞두고 여러 감독이 대표팀 사령탑을 고사했다. 부담이 컸고 2008년 베이징올림픽 금메달로 높아진 눈높이를 맞추기도 어려웠다. 어쩔 수 없이 뇌경색 후유증으로 걸음걸이가 불편한 김인식 감독이 1회에 이어 2회 WBC에서도 지휘봉을 잡았다. 자신의 선택을 "국가가 없으면 야구도 없다."는 비장함으로 표현했다. 그리고 1회 4강에 이어 2회 준우승이라는 성과를 일궈 냈다. 당시 일본 대표팀의 하라 감독은 이후 인터뷰에서 그에 대한 존경심을 밝혔다.

"김인식 감독은 야구는 물론 야구를 떠나 보더라도 나보다 훨씬 경험이 많다. 모든 면에서 김인식 감독은 위대한 감독이다."

금메달 감독이다. 김경문 감독의 야구는 뚝심의 야구로 묵직하고 우직하다. 두산 사령탑 시절 화수분 야구의 개척자였다. 선수들의 가능성을 보고 기회를 주었다. 실수해도 기회를 또 주었다. 그렇게 선수를 키웠다. 2008년 베이징올림픽 당시 이승엽 선수를 기용한 것이 그의 우직함을 잘 보여 준 사례이다. 믿음의 야구는 말이 쉽지 실천은 어렵다. 1승과 1패에 운명이 갈리는 게 야구 감독이기 때문이다. 그러나 결국 이승엽은 그의 믿음에 호응했고 팀은 9전 전승으로 모두 금메달을 목에 걸었다.

김경문 감독은 2011년에 제9구단 NC 다이노스의 초대 사령탑에 올랐는데, 그의 옥석 가리기는 신생 구단에서 더욱 빛을 발했다. 2군의 김종호는 NC 유니폼을 입고서 2013시즌에 데뷔하자마자 도루왕을 차지했다. 그리고 대학 시절 톱클래스 좌완 투수였던 나성범을 과감하게 타자로 전향시켜 팀의 중심 타자로 급성장하게 했다. 또한 두산의 40인 보호 선수에 들지 못하며 시장에 나왔던 사이드암 투수 이재학을 영입했는데, 그는 2012시즌 2군에서 담금질을 마친 후 다음 해인 2013시즌 1군에서 신인왕을 거머쥐며 화려하게 비상했다.

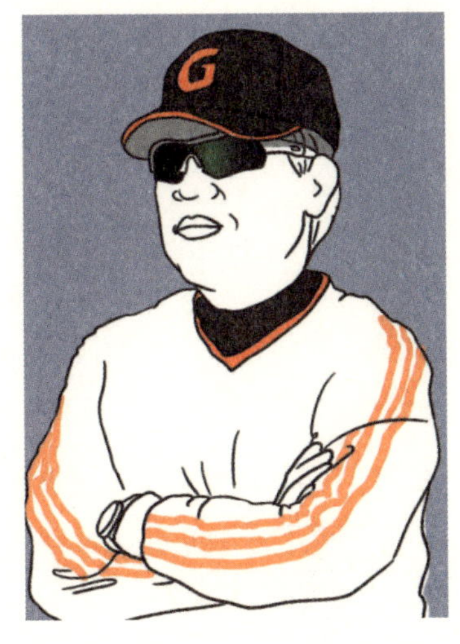

프로야구계의 젠틀맨이다. 친근하고 상냥하다. 김시진 감독은 국내 프로야구에서 대표적인 덕장이다. 현대 감독 시절, "선수들이 대견스럽다. 나는 감독으로서 복이 많은 사람이다."라고 말하며 믿음을 보냈고, 자신의 야구 색깔에 대해선 선수들이 7할 이상을 차지한다며 야구 색깔은 선수들이 그려 가는 것이라고 강조했다. 이에 이택근 선수는 "세상에 우리 감독님 같은 분은 없다."며 고마움을 전했고 김수경 선수는 "위기에서도 늘 나를 믿어 주는 게 느껴진다."며 마운드에서 힘을 냈다고 회상했다.

김시진 감독은 현역 은퇴 후 현대 유니콘스의 투수 코치를 역임하다가 2007년부터 감독 자리에 올랐다. 팀이 재정난으로 1년 만에 해체되는 과정에서 그는 현대 왕조의 마지막 감독으로 선수들을 잘 이끌며 되레 지도력을 인정받았다. 첫 사령탑을 맡으면서 각종 풍파에 시달렸는데 모 회사가 구단을 포기한 상태에서도 선수들을 다독이며 덕장의 풍모를 드러냈다. 이후 현대가 넥센 히어로즈로 넘어가며 감독직에서 물러났다가 2008년 넥센의 2대 감독으로 돌아왔다. 선수들의 전폭적인 지지가 배경이었다.

　　2009년 KIA 타이거즈의 창단 첫 우승(해태 시절을 포함하면 10번 째)을 이끌며 한국 프로야구 사상 첫 번째로 선수-코치-감독으로 모두 우승하는 기록을 세웠다. 2013년 제10구단 KT 위즈의 초대 감독으로 선임되었다. 선수 육성과 시스템 구축에 뛰어난 야전 사령관으로 팀을 리빌딩하는 능력이 뛰어나다. SK 와이번스에서는 강병철 감독에 이어 사령탑에 올라 팀을 중위권으로 성장시켰고, KIA 타이거즈에서도 어수선한 시기에 지휘봉을 잡았지만 2년 만에 우승컵을 들어 올렸다. 2010년 광저우 아시아게임에서는 국가대표 감독으로 선임되어 금메달을 목에 걸었다.

　　조범현 감독은 야신 김성근 감독과 인연이 깊다. 충암고등학교 우승 당시 감독이 바로 김성근 감독이었다. 그리고 프로 입문 후 OB 베

이스에서 사제지간으로 다시 조우했고 쌍방울 레이더스에서는 감독과 코치로 인연을 이었다. 김성근 감독은 2009년 한국시리즈 당시 "이제는 제자가 아니다. 위협적인 적수이다."라고 단언했다.

이만수 감독

초창기 한국 프로야구를 대표하는 간판 포수였고 삼성 라이온즈의 프랜차이즈 스타였다. 삼성에 입단해 1982년 원년 멤버로 프로야구선수 생활을 시작했다. MBC 청룡과의 개막 경기에서 한국 프로야구 1호 안타와 1호 홈런을 쏘아 올리며 일찌감치 스타성을 알렸다. 1984년에는 타격-홈런-타점 1위로 트리플 크라운을 달성했고, 5년 연속 골든 글러브의 주인공이 되며 최고 인기를 구가했다. 솔직한 성격 탓에 홈런을 치고 나면 열정적으로 세리머니를 펼치는 것으로 유명했는데 이 탓에 현역 시절 가장 많은 빈볼(bean ball, 투수가 고의적으로 타자의 머리 근처를 겨냥해 던지는 공)의 대상이 되기도 했다.

현역 은퇴 후 1998년에 미국으로 건너가 메이저리그 불펜 포수와 코치로 활동했다. 2006년에 미국 생활을 마치고 지도자로 국내에 복귀했는데 친정팀이 아닌 SK 와이번스 수석 코치로 돌아왔다. 지도자 이만수는 현역 시절 때와 마찬가지로 밝고 활발했다. 문학구장 관중석이 비어 있는 것을 보고 "이곳이 만원 관중으로 들어차면 속옷 차림으로 그라운드를 돌겠다."고 공언했다. 그후 문학구장이 관중으로 가득찼고 그는 약속을 지키기 위해 팬티 차림으로 경기장을 한 바퀴 돌며 관중들에게 웃음을 선사했다.

2013시즌 중 넥센 히어로즈와의 경기를 앞두고 "저쪽이 강연이면 이쪽은 토크쇼다."라고 말할 만큼 유쾌한 성격의 소유자이다. 삼성 라이온즈의 레전드 유격수 출신이지만 취재진에 스스럼이 없고 유머를 즐긴다. 더그아웃에서 웃음이 끊이질 않는다. 그만큼 쌓아 놓은 여유가 장점이다. 몸속 핏줄 깊숙하게 긍정의 피가 흐르는 감독이다. 장점은 꾸준함이다. 중간에 유니폼을 갈아입지 않고 한 팀에서만 선수와 지도자 생활을 하고 있는 진정한 프랜차이즈 스타이다. 선수로 입단한 1987년부터 2014시즌까지 28년째 삼성 라이온즈에서 근속하고 있다.

현역 시절에 레전드 유격수로 명성을 떨쳤는데 지도자로서의 성적 역시 훌륭하다. 2011년 부임 첫 해에 이전 선동렬 감독의 '지키는 야구'에 '공격 야구'를 접목시켰고 정규 시즌과 한국시리즈 우승을 거머쥐며 '야구 대통령', 줄여서 '야통'이라는 명예로운 별명을 가지게 되었다. 그리고 2012년과 2013년까지 통합 우승(정규 시즌 우승과 한국시리즈 우승)을 차지하며 전인미답의 3년 연속 통합우승이라는 금자탑을 세워 명장의 반열에 올랐다.

선동렬 감독

엘리트 코스를 걸어온 한국 프로야구의 대표 주자이다. 현역 시절은 '국보급 투수'라는 한마디로 정리할 수 있다. 해태 타이거즈 시절 44경기 연속 무패 등 7년 연속 평균 자책 1위, 최소 경기 완투-완봉승 역대 1위, 승률 1위 등 야구 천재의 면모를 과시했다. 11시즌 동안 뛰었던 국내 프로야구에서 그의 통산 자책점은 1.20에 불과했다. 선발이 아닌 마무리로 등판하는 날은 그가 몸을 풀기만 해도 상대편 더

그아웃에서 짐을 싸며 퇴근 준비를 했다는 일화가 있을 정도이다.

국내 무대를 평정한 선동렬 감독은 이후 일본 프로야구에서는 4년간 몸담으며 98세이브에 평균자책점 2.70의 활약으로 '나고야의 태양'이라 불렸다. 은퇴 후에는 '스타플레이어 출신 명장은 없다'는 속설을 깨고 삼성 라이온즈 감독으로 있으면서 2005~2006시즌 한국시리즈 연속 우승을 일구어 냈다.

염경엽 감독

현역 시절에 1할 대에 불과한 타자였다. 주전이 아니라 주로 대수비와 대주자로 나갔다. 그런데 선수로 빛을 보지 못한 게 지도자 생활에 오히려 도움이 되었다. 그는 선수 생활을 접은 뒤 코치뿐 아니

라 운영 팀장과 스카우트까지 하
며 현역 감독 중 야구에서 가장
다양한 업무를 경험하기도 했다.
사령탑에 오른 뒤 선수들의 구슬
땀이 의미 없는 노동이 되지 않게
끔 역할과 의미를 부여했고, 선수
들은 동기부여가 된 상태에서 제
몫을 다하며 의기투합했다.

넥센 히어로즈는 그의 지휘하에 창단 이래 처음으로 4강에 진출하
는 쾌거를 달성했다. 사령탑 첫 해에 터진 선수들의 잇따른 음주 파
동으로 팀이 어수선해졌지만, 이를 극복하며 팀을 포스트시즌에 진
출시켰다. 상대의 허를 찌르는 작전 야구에도 밝아 '염갈량'이라는
닉네임이 붙었다.

김기태 감독

김기태 감독은 LG 트윈스의 저
주와도 같던 11년 흑역사의 봉인
을 깨트린 장본인이다. 감독 첫 해
였던 2012시즌에는 부임하자마자
FA시장에서 송신영, 조인성, 이택
근을 잃었고 시즌 개막 직전 승부
조작 사건으로 투수 박현준과 김성
현 마저 이탈하며 쉽지 않은 초보

감독의 신고식을 치렀다. 그러나 2013시즌 '갓기태'의 돌풍은 LG의 신바람 야구를 재현하며 11년 만에 LG 팬들이 가을에 유광점퍼를 입게 했다. '형님 리더십'으로 유명한 김기태 감독은 팀의 포스트시즌 진출을 성공시키며 모래알처럼 따로따로 반짝이던 LG를 하나의 빛나는 덩어리로 만들어 냈다.

1994년 현역 시절에 좌타자로는 첫 홈런왕 타이틀을 거머쥐었다. 은퇴 후에는 요미우리 자이언츠에서 타격 코치로 활동했고, 2010년에 LG 2군 감독으로 국내 복귀했다. 선수 시절에 늘 주장을 역임할 만큼 강력한 카리스마와 통솔력으로 선수단 내 구심적 역할을 했던 그는 보스라 불리는 사나이이다.

희대의 사건

죽음을 각오한 배영수의 다이빙

　배영수라고 쓰고 '파란 피의 에이스'라고 읽는다. 삼성 라이온즈에서 배영수가 가지는 존재감은 특별하다. 설령 등판해서 패배해도 그를 욕하는 이가 적다. '안티' 댓글이 많지도 않다. 그 이유는 잘 알려진 바와 같이 그가 2005년과 2006년 삼성 우승과 자신의 한쪽 팔을 맞바꿨기 때문이다. 특히 2006년 우승 당시에는 심각한 팔꿈치 통증으로 '데포메트롤'이라는 강력한 진통제를 맞으면서도 선발과 불펜을 오가며 2승 1세이브 1홀드로 맹활약했다.

　대신 후유증은 컸다. 2년 연속 KS 우승 후 수술대에 누웠을 때 LA 컬란조브 병원의 담당의는 "이렇게 너덜너덜해진 인대는 처음 봤다."며 혀를 내둘렀다. 당연히 회복 기간은 길었다. 부활을 장담할 수 없는 상황에서 그가 견뎌 내야 할 재활의 시간은 고통 그 자체였다. 그러나 그는 결국 이겨 냈고 구속을 140km대 후반까지 끌어올렸다. 인간 승리였다. 그리고 투수층이 두터운 삼성에서 부활하며 2013시즌에는 다승왕에 올랐다. 그가 부활할 수 있었던 투혼과 용기, 동료애를 알 수 있는 미담이 있다.

지난 2003년 2월, 하와이 마우이 섬의 햇볕 좋은 어느 날이었다. 전지훈련 중 휴식을 맞은 삼성 선수단은 와일루아 폭포로 단체 여행을 떠났다. 그곳에는 10m 낙차의 폭포 아래에 맑은 호수가 자리 잡고 있었다. 수영에 능숙한 선수들은 폭포수 아래 수심 깊은 곳에서 물 만난 고기처럼 자맥질했고 서툰 이들은 반대편 얕은 곳에서 발을 담그고 있었다. 그런데 몇몇 선수가 폭포 정상에서 다이빙을 하며 소풍 분위기가 고조되자 물가의 맥주병 선수들도 덩달아 흥분하면서 문제가 발생했다. 당시 2년차 투수 권혁도 어설픈 자유형으로 물가에서 7m 정도 나간 뒤 컴백하려고 몸을 돌리는데 발이 바닥에 닿지 않았다. 그는 몇 번 허우적거리더니 순식간에 물속에 잠겼다.

위험을 직감한 배영수가 가장 먼저 뛰어들었다. 하지만 권혁은 본능적으로 구하러 온 그의 어깨를 꽉 잡아당겼다. 용감한 배영수였지만 야구만큼 수영을 잘하진 못했다. 다급히 몸을 빼는데 이번에는 권혁이 그의 발목을 잡아당겼다. 분초를 다투는 위급한 상황이었으나 주변의 맥주병 선수들은 미처 상황을 파악하지 못했다. 간신히 물 밖으로 빠져나온 배영수가 놀란 가슴을 진정시키는 사이 권혁은 물속에서 널부러졌고 그제야 동료들도 사태의 심각성을 깨달았다.

그때 당시 〈스포츠서울〉의 이재국 기자(현 〈스포츠동아〉)가 몸을 던졌고 수심 3m 물속에서 의식을 잃은 권혁을 뒤에서 감싸며 수면으로 올라왔다. 그런데 2~3m 전진했을까. 이 기자의 몸에서도 힘이 빠져나가며 움직임이 더뎌졌고 두 사람 모두 위험에 빠졌다. 그때 배영수가 다시 뛰어들었다. 두 사람은 권혁의 축 처진 몸을 나눠 잡고 다리가 바닥에 닿는 곳까지 혼신을 다해 자맥질했다. 마치 몇 시간처

럼 길게 느껴졌던 1~2분이 지나고 가까스로 세 사람은 호수 밖으로 나올 수 있었다. 흉부 압박을 통해 권혁은 삼킨 물을 토해 내며 다시 숨을 내쉴 수 있었다.

배영수는 이날 두 번이나 물속에 뛰어들었다. 자신도 죽을 수 있다는 소름끼치는 공포를 두 번이나 이겨 냈다. 용기는 위기에 처했을 때 빛나는 힘이고 용기가 있는 곳에 희망이 있다. 인대가 망가진 '절망'의 상태에서도 부활한 배영수의 됨됨이를 알 수 있는 단편이다.

한편 그날 밤 이재국 기자는 그제서야 벌렁거리는 가슴을 움켜쥐며, 어린 시절 경남 산청의 개울가에서 배웠던 자맥질에 감사하며 한참을 잠 못 이뤘다.

세상 밖에서 빛나지 못한 야구 천재들

　야구선수는 야구장에서 가장 빛나는 존재이지만, 야구장 밖에서는 불운한 사건의 주인공이 되기도 한다.

　조성민은 고려대를 거쳐 일본 프로야구 요미우리 자이언츠에서 활약하며 부러움의 대상이 되었다. 2000년에 배우 최진실과 결혼하며 그는 뭇 남성들의 지탄과 시샘을 받기도 했다. 그러나 조성민은 오른 팔꿈치 부상으로 수술과 재활을 반복하다 부진을 벗어나지 못하며 2002년에 요미우리에서 자진 퇴단했고 그해 최진실과의 결혼생활도 파경에 이르렀다. 이혼 전에 임신 7개월 상태의 부인을 폭행하며 구설수에 오르기도 했다. 2005년에는 불륜 상대자로 지목되던 여성과 결혼했지만, 다시 헤어지는 등 순탄하지 못한 가정사를 이어갔다.

　현역 은퇴 후에는 여러 사업을 시도했지만 성공하지 못했다. 2010년에는 프로야구 해설을 했고, 2012시즌부터 두산 베어스에서 코치로 활동했다. 그리고 2013년 1월, 여자친구로부터 이별을 통보받고 자택에서 음주 후 자살을 선택했다. 가정사는 당사자가 아니면 제대로 알 수 없다. 조성민은 불미스러운 사건이 연속적으로 일어나 야구에 전념하지 못했을 것이고 가정사와 맞물려 악순환이 반복되었을 것이라는 추측은 할 수 있다. 그러나 '프로'라는 타이틀을 가지고 있는 공인에게 자기 관리는 아무리 강조해도 지나치지 않는 덕목이다. 자기 관리에 완벽하지 못했던 그가 선택한 극단적인 결정이 안타깝다.

이호성은 광주 제일고등학교 시절부터 호타준족의 강타자로 이름을 떨쳤고, 프로 입단 후에는 해태 타이거즈의 전성기를 이끈 주역이었다. 팀의 4번 타자로 활약하며 한국시리즈 4회 우승에 크게 기여했다. 더그아웃에서 손으로 못을 박았다는 일화가 떠돌 만큼 힘이 장사였다. 은퇴 후에는 프로야구선수협의회 회장을 맡았고 이후 여러 사업에 손을 댔지만 줄줄이 실패했다. 백억 원 대의 빚을 지고 있던 그는 2008년 3월, 한강에 뛰어들어 자살했다. 그는 투신자살을 선택하기 직전, 내연 관계였던 여성과 그녀의 세 딸을 살해한 용의자로 경찰에 공개 수배된 상태였다. 죽음은 한 순간이지만, 그가 저지른 악행은 많은 사람을 불행하게 만들었다.

프로야구에서 두각을 나타낸 풍운아였지만, 자신의 기량을 채 꽃피우지 못하고 선수 생활을 마감한 그라운드의 악동들도 있다. 정수근은 빠른 발과 타고난 센스 그리고 파이팅 넘치는 허슬플레이(hustle play, 경기 중 과감하게 분투하는 것)로 두산 베어스 팬들의 사랑을 독차지했고 FA가 된 2003년에는 6년간 최대 40억 6,000만 원의 떨어지는 낙엽은 가을바람을 원망하지 않는다.
장명부(1950~2005)
요리우리 자이언츠, 청보 핀토스 투수

연봉으로 롯데 자이언츠로 이적했다. 승승장구할 것처럼 보였던 그의 인생이 꺾인 것은 술 때문이었다. 2004년에 시민에게 야구 방망이를 휘둘렀고, 2008년에는 만취 상태에서 경비원을 폭행했다. 2009년 8월에는 경기 전날 술을 마시고 난동을 부렸다는 의혹이 제기되며 구단에서 방출 조치를 당했다. 조사 결과 허위 신고로 드러났지만, 정수근은 이듬해인 2009년에 은퇴했다.

노장진은 고교 시절부터 150km에 육박하는 강속구를 던지며 일찌감치 에이스로 지목받았다. 1993년에 공주고등학교를 졸업하고 빙그레 이글스에 입단했으나 불성실한 생활 태도로 임의 탈퇴 선수로 공시되었고 이후 군복무를 했다. 삼성 라이온즈 시절이던 2004년에 다시 잡음을 일으키더니 음주 사건과 무단이탈로 물의를 빚었다. 2005년 롯데 자이언츠로 트레이드되었고 그해 부인이 사망했다. 말다툼 끝에 부인이 노장진 앞에서 음독자살을 시도한 것으로 알려져 있다. 노장진은 다음해인 2006년에 또 무단이탈을 하는 등 사생활 문제로 수차례 도마에 오른 뒤 방출되며 프로야구계를 떠났다.

야구 기량과 인성·지성의 간극

현역과 은퇴선수들이 일으킨 사건 사고들은 한국 프로야구가 안고 있는 엘리트 야구의 문제일 수도 있다. 야구만 잘하면 떠받들어지고 사소한 문제는 눈감아 준다. 중고등학교 시절부터 야구만 하다 보니 다른 것에는 문외한이다. 외국으로 전지훈련을 갈 때 입국 신고서를 영문으로 쓰지 못해 구단 관계자가 써 줬다는 우스갯소리가 있을 정도이다. 야구에 있어서는 천재이지만, 세상의 다른 쪽에서는 불완전한 사람으로 성장하는 것이다. 실제로 선수들을 취재해 보니 뛰어난 야구 기량과 비례하지 않는 인성과 지성의 소유자를 종종 볼 수 있었다.

2011년부터 고교야구 주말 리그가 운영되고 있다. 주중에는 공부하고 주말에 야구 시합을 하는 방식으로 운동선수의 기본적 교양과 인성 강화를 위해 시작되었다. 고교야구와 더 나아가 프로야구의 하향평준화를 우려하는 목소리가 있지만, 초등학교와 중학교까지 확대해야 한다는 이야기도 나오고 있다. 엘리트 야구의 문제점을 각성하고 학생들에게 학습권을 보장한다는 취지이다. 일각에서는 불평의 목소리도 높다. 선진형 시스템의 도입이라고 하지만, 공부와 운동을 분리하지 않고 모든 스포츠가 방과 후 활동인 미국과는 우리의 환경 자체가 다르다.

일본의 경우 4,000여 개의 고교 야구팀이 있지만 대부분 클럽 활동 수준이고 이 중 100여 곳은 실제 엘리트 야구를 하고 있다. 고시엔에 진출하는 49개 팀이 대부분 여기에서 나온다. 이들이 일본 프로야구의 산실이다. 50여 개가 조금 넘는 우리나라 고교야구팀에 미국과 일본의 방식을 그대로 도입하기 힘든 이유이다. 하지만 야구를 잘하는 것도 중요하지만, 엘리트 야구는 분명 문제가 있다. 긴 인생에서 한쪽으로 치우치지 않는 균형은 중요하다.

이 균형이라는 것이, 야구라는 한 우물만 판 선수들이 공부까지 잘 하라는 뜻은 아니다. 야구뿐 아니라 다른 방식으로 세상을 만나는 방식을 배워야 한다는 것이다. 야구선수가 모두 야구로 성공할 수 없다. 십 년 넘게 야구를 해도 프로에서 이름깨나 알리고 성공하는 경우는 1%에 불과하다. 그래서 학생 시절에는 향후 야구를 손에서 놓았을 때를 대비해, 세상과 연결되는 여러 통로에 대해 공부해 두어야 한다.

에
필
로
그

7cm 남짓한 지름,

130g 전후의 작고 하얀 공이 마음을 움직인다.

옥상에서 주고받던 작은 공놀이에서 시작해

사회인 야구 리그를 거쳐 야구기자까지 되었다.

옥상에서 하던 공놀이에 만족했고 열악한 사회인 야구 리그의 그라운드에서 행복했다. 그리고 지금은 야구기자 출입증을 목에 걸고 프로야구계에 속해 있다는 것이 참으로 복되다. 돌아보면 작고 단단한 하얀 공이 시작이었다.

누군가는 동네에서 공 좀 던지는 에이스가 되었고 또 누군가는 야구기자가 되었다. 그리고 또 다른 누군가는 국가를 대표하는 태극마크의 주인공이 되었다. 주먹만 한 야구공은 꿈이다. 그 꿈은 녹색의 그라운드에 그려진 흰색 선을 뛰어넘어 하얀 새처럼 날아갔고 우리는 뒤따랐다.

대나무는 성장할 때마다 마디를 만든다고 한다. 그 마디가 층층이 쌓이며 행여 휘어지더라고 부러지지 않는다. 이곳의 글들은 나의 야구를 정리하고 새롭게 나아가는 의미이다. 그래서 이 글들은 내 인생의 마디와 같다. 새롭게 돋아난 마디에서 또 다른 마디를 상상한다.

1. 기자도 궁금한 알쏭달쏭 야구 이야기

2. 알아두면 유용한 야구 용어

3. 일본식 야구 용어 알고 가기

4. 살짝 짚고 넘어가는 야구 상식

5. 사회인 야구 실전 팁

기자도 궁금한
알쏭달쏭 야구 이야기

만약 새가 야구공에 맞는 경우 판정은?

메이저리그 경기에서 투수가 던진 공에 날아가던 비둘기가 맞아 비명횡사한 사건이 있었다. 메이저리그를 풍미했던 '빅유닛' 랜디 존슨은 2001년 애리조나 다이아몬드백스 시절 스프링캠프에서 열린 샌프란시스코 자이언츠와의 시범 경기 7회 2사에서 타석의 캘빈 머레이를 상대하기 위해 150km가 넘는 강속구를 던졌다. 그런데 홈플레이트 앞을 지나가던 비둘기 한 마리가 그 공에 맞아 즉사하고 말았다. 이때 주심의 판정은 무엇이었을까. 판정은 볼데드(ball dead, 정해진 규칙이나 심판원의 타임 선언에 따라 모든 플레이가 중지된 상태나 시간). 당시 주심은 난생 처음 보는 광경에 잠시 머뭇거리다가 노카운트를 선언한 것이다. 하지만 졸지에 비둘기 사냥꾼이 된 랜디 존슨은 이후 2루타 2개를 연거푸 허용하며 2실점하고 말았다.

본격적으로 아리송한 문제는 지금부터이다. 홈런성 타구가 날아가다 날아가던 새에 맞아떨어졌는데 이걸 외야수가 잡아냈다. 판정은 홈런일까, 아웃일까. 이때 상황이 명백한 홈런성 타구였다면 홈런을 인정한다.

다음 문제, 주자가 있는 상황에서 평범한 외야 뜬공이 새에 맞아 야수 앞에 떨어졌다. 아웃이 인정될까. 하지만 이때는 아웃 판정이 아닌 인플레이 상황이 적용된다. 주자와 타자주자는 갈 수 있는 베이스까지 달릴 수 있다.

여기서 하나 더! 안타성 타구가 새에 맞고 난 뒤 지면에 닿지 않고 수비수 글러브에 포구되었다. 안타일까, 아웃일까. 이때는 새에 맞는 순간 지면에 타구가 맞은 걸로 간주하기에 아웃이 아니다. 타자주자는 베이스를 향해 달리면 된다.

심판과의 충돌

아주 드물게 경기 중에 수비하거나 주루플레이하는 선수가 심판과 충돌하는 경우가 있다. 심판으로 인해 아웃이나 세이프 상황이 뒤바뀌기도 하는데, 심판의 방해가 인정될까. 심판은 그라운드에서 없는 존재와 마찬가지이다. 돌멩이와 같다고 볼 수도 있다. 플레이하던 선수가 심판과 충돌하는 것은 돌멩이와 부딪힌 것과 같다는 의미이다. 즉 심판에 의한 주루 방해는 인정되지 않는다.

포수의 몸에 맞고 튀어 나온 공을 포구하면?

파울팁은 타자가 친 공이 방망이에 스친 뒤 포수 글러브에 포구되는 것으로 스트라이크로 판정한다. 그렇다면 타자 방망이에 맞은

공이 포수 프로텍터에 맞은 뒤 포수 글러브에 쏙 들어갔다면 이 상황도 파울팁이 적용될까? 야구 규칙 6.05 (b)항에 보면 '공이 포수의 옷이나 용구에 끼인 것은 정규의 포구가 아니다. 또 심판원에게 맞고 튀어나온 공을 포수가 잡았을 때도 마찬가지이다.'라고 명시되어 있다. 즉 파울팁이 최초에 포수의 손이나 미트에 닿은 뒤 신체 또는 용구에 맞아 튀어 나온 것을 포수가 땅에 닿기 전에 잡으면 파울팁이 된다. 그러나 용구부터 먼저 맞은 뒤 포구하는 것은 그냥 파볼이 된다. 파울팁이란 파울볼이긴 하나 그 타구를 잡은 포수에게 주는 일종의 '팁'인 것이다.

홈스틸home steal과 야수 선택

2013년 5월 23일, 대구에서 열린 삼성 라이온즈전에서 6회 초 2사 1, 3루에서 LG 트윈스의 3루 주자 권용관은 삼성 포수 이지영이 투수 윤성환에게 공을 돌려 주는 사이 기습적으로 홈으로 쇄도해 득점에 성공했다. 홈스틸(Home steal, 3루에 있는 주자가 배터리의 허점을 틈타 본루에 들어가는 것)이었다. 그러나 공식 기록에는 야수 선택으로 발표되었다. 당시 LG 관계자는 권용관의 득점을 '시즌 1호이자 역대 35호 홈스틸'로 발표했다가 다시 '단독 홈스틸이 아닌 야수 선택에 의한 득점'이라고 정정해야 했다. 홈스틸이 왜 야수 선택으로 바뀌었을까. 기자실의 기자들도 아리송했다.

야구 규칙 10.08 (a)항에 홈스틸 기록에 관해 다음과 같은 설명이 있다. '홈스틸의 경우 3루 주자가 투구 전에 스타트했다 하더라도 와일드 피치(wild pitch, 포수가 잡을 수 없게 투수가 폭투를 던지는 것) 또는 패스트볼의 도움 없이 주자가 득점할 수 있었다고 기록원이 판단했을 경우에 한하여 그 주자에게 도루를 기록한다.'

10.08 (g)항을 보면 '자가 수비 측의 무관심을 틈타 진루하였을 경우, 도루가 아닌 야수 선택으로 판단한다.'는 항목도 있다. 기록원은 3루 주자 권용관의 재치가 빛났으나 투수에게 공을 천천히 던져 준 포수 이지영의 태만한 행위가 있었기에 홈 득점이 가능할 수 있었다고 판단한 것이다. 삼성 수비의 무관심과 포수의 본헤드 플레이(bone head play, 미숙한 플레이. 수비나 주루 플레이를 할 때 판단을 잘못해서 어처구니 없는 실수를 저지르는 것)에 의한 득점이라는 판단이다.

이 결정에 대해 〈스포츠서울〉 장강훈 기자는 자신의 SNS에 '권용관의 단독 홈스틸의 성공은 팀 분위기를 끌어올렸다. 자부심에 가슴이 한껏 펴지는 고급 기술이다. 그런데 이 플레이가 야수 선택으로 기록되었다. 팀을 생각하는 소중한 마음이 무시당한 느낌이다.'라고 올렸다.

SBS ESPN의 정진구 기자는 "삼성 수비의 무관심이 아닌 방심이었다. 야수 선택은 선행주자, 다시 말해 홈에 가까운 주자를 잡기 위해 이루어진다. 3루 주자를 포기한 야수 선택인가?"라며 의문을 제기했다. 한편 지난 2009년 LA 다저스와의 경기에서 필라델피아의 제이슨 워스가 홈스틸에 성공했다. 권용관과 비슷한 상황이었는데 당시 3루 주자 워스에겐 홈스틸 기록이 주어졌다.

　　홈런 타구가 날아가면 그쪽 방면의 관중들은 글러브나 손을 펼쳐 잡으려 한다. 간혹 나이스캐치도 나온다. 그런데 명백한 홈런성 타구의 경구는 문제가 없지만, 외야수가 잡기 직전의 타구를 관중이 팔을 쭉 뻗어 낚아채 버리거나 관중의 팔이나 글러브에 맞고 굴절되면 어떻게 될까. 야구 규칙 3.16항에 보면 '타구 또는 송구에 대해 관중의 방해가 있을 때 방해와 동시에 볼데드가 되며 심판원은 만일 방해가 없었더라면 경기가 어떠한 상태가 되었을지를 판단하여 볼데드 뒤 조치를 취한다.'고 되어 있다. 즉 외야 수비도 방해로 간주되며 타자주자는 아웃이 되고 만약 무사나 1사에 3루 주자가 있었다면 태그업 플레이로 인한 그의 득점을 인정한다. 하지만 야수가 펜스를 넘어 스탠드 안쪽으로 팔을 뻗어 포구하려다가 방해를 당한 경우는 방해로 인정받지 않는다. 그것은 스스로 방해나 위험을 감수하는 플레이라서 그렇다. 그리고 펜스 경계선상에서 관중이 타구를 잡은 경우는 비디오 판독을 통해 홈런 여부를 가리고 있다.

야구를 처음 접했을 때 가장 헷갈린 게 포스아웃과 태그아웃이었다. 야구 용어 사전에 포스아웃은 봉살이라고 되어 있는데, '포스 플레이에 의해 아웃되는 것으로 타자가 공을 때려 주자가 됨에 따라 베이스를 비워 주고 다음 베이스로 가야 할 의무가 있는 주자가 그 베이스에 공보다 먼저 도달하지 못하며 생기는 아웃'이라고 되어 있다. 태그아웃은 '베이스에서 떨어진 주자를 태그하여 아웃시키는 것'으로 명시되어 있다.

상황을 설정해서 보면, 주자 1루 상황에서 타자가 내야 땅볼을 치면 내야수들은 병살을 만들기 위해 움직인다. 2루수 땅볼이면 유격수가 공을 받아 2루 베이스를 밟은 뒤 1루에 송구해 더블아웃을 만들어 낸다. 이때  2루에서 아웃된 1루 주자가 바로 포스아웃된 경우이다. 즉 타자주자가 타격을 하고 1루 베이스를 향해 달리면 1루에 있던 주자는 무조건 2루로 뛰어야 하고, 땅볼이면 2루에서 강제적으로 아웃된다고 해서 포스아웃인 것이다. 이때 2루를 밟고 있던 유격수는 2루로 달려온 1루 주자를 태그하지 않아도 자동 아웃된다. 태그아웃과 포스아웃이 함께 있는 경우를 살펴보면, 1사 1, 3루에서 땅볼이 나온 경우이다.

2013년 10월 7일, LA 다저스의 선발 류현진은 애틀랜타 브레이브스와의 내셔널리그 디비전 시리즈 3차전에 등판했는데 4-2로 앞선 3회 초 1사 1, 3루에서 크리스 존슨에게 빗맞은 투수 앞 느린 땅볼을 유도해 냈다. 그런데 키스톤 콤비를 활용한 병살이 아닌 홈으로 송구했다. 홈으로 쇄도하던 3루 주자를 잡기 위해서는 포스아웃이 아닌 태그아웃이 필요한 상

황이었기에 실책성 플레이였고, 포수의 태그를 피한 3루 주자는 득점에 성공했다. 만약 이때 만루 상황이었다면 3루 주자는 포스아웃이 되고 포수는 1루에 공을 던져 병살로 이닝을 마무리할 수 있었다. 하지만 1, 3루 상황이었기에 3루 주자는 강제로 3루를 비워 줄 필요가 없었고 홈에서도 태그를 당해야만 아웃이 되는 것이었다. 한편 주자가 베이스 사이를 왔다 갔다 하는 협살(挾殺, 루와 루 사이에 있는 주자를 몰아서 아웃시키는 것) 상황에선 수비수들도 포스아웃과 태그아웃이 혼동돼 베이스를 밟고 주자도 글러브로 찍는 것을 볼 수 있다.

외야수의 글러브에 타구가 맞고 펜스를 넘어갔다면 홈런일까?

프로야구에서는 때때로 외야수가 펜스를 등지고 점프하며 홈런성 타구를 걷어 내는 장면이 연출되곤 한다. 그런데 외야수가 홈런이 될까 말까 알쏭달쏭한 타구를 잡으려다 그만 자신의 글러브에 맞고 그 공이 펜스 안으로 들어가 버리면 어떻게 될까. 결론부터 밝히자면 홈런이다. 홈런이 안 될 뻔 한 공도 야수를 거쳐 페어지역 스탠드를 넘어가면 홈런인 것이다. 그렇다면 페어플라이볼(타자가 공을 높이 쳐올린 상태나 그 공)이 야수에게 닿아 관중석이나 파울 지역의 펜스를 넘어가면 어떤 판정이 내려질까. 야구 규칙 6.09 (h)항에 따르면 타자에게 2개 베이스가 주어진다. 2루타가 적용된 것이다.

주심의 그라운드 이동 경로는?

야구는 5명의 심판이 한 조를 이뤄 시즌을 치른다. 이중 1명은 대기심이고 나머지 4명의 심판이 주심, 1루, 2루, 3루심을 본다. 그리고 다음날 3루심이 1루로, 1루심이 2루로, 2루심이 주심으로 이동한다. 즉 대기심 → 3루심 → 1루심 → 2루심 → 주심으로 옮겨 가는 것이다. 대기심을 한 뒤 판정 거리가 적은 3루심부터 시작해 점차 경기 감각을 익혀 가는 과학적 이동 경로이다.

여기까지는 많은 사람이 안다. 그런데 포스트시즌에서는 4심제가 아닌 6심제로 운영된다. 기존 4명의 심판과 더불어 좌우선상에 선심이 한 명씩 더 늘어나는데 이때는 대기심 → 좌선심 → 3루심 → 1루심 → 2루심 → 우선심 → 주심으로 이동한다. 한국시리즈 1차전에 대기심으로 시작하면 7차심 주심으로 마무리하게 되는 것이다.

알기만 해도
재미난 야구 용어

감독은 매니저

감독의 사전적 의미는 '보고 살핀다'라는 뜻의 감(監)과 감독할 독(督)이 합쳐진 것으로 '살피고 살핀다'는 뜻이다. 어떤 일이나 그 일을 하는 사람이 실수하지 않게 보살피고 감시하는 역할이며 그 일이나 행사를 종합적으로 지도·지휘하는 자리이다. 감독이라는 단어에는 권위적인 뉘앙스가 풍긴다.

야구 감독은 팀의 책임자로서 선수의 선발과 기용 그리고 경기 중 작전을 지휘하며 팀 내 카리스마의 상징이다. 그런데 한국과 일본에서 야구 감독이라고 부르는 이를 미국 야구에서는 매니저(Manager)라고 지칭한다. 미국에서 축구와 농구 감독은 대개 코치 또는 헤드코치라고 표현하는데 유독 야구에서만 매니저라는 단어를 사용한다. 이유가 있다. 야구는 타 종목에

비해 선수단 규모가 크다. 축구와 농구에 비해 시즌이 길고 경기 수가 더 많기에 보유 선수가 충분히 있어야 한다. 그래서 야구 감독은 100명에 가까운 코칭스태프와 선수를 관리해야 하고, 6개월이 넘는 정규 시즌 경기를 이끌어야 한다. 그 외 주전과 비주전 선수의 관리, 신인선수 육성과 함께 구성원간의 경쟁과 화합을 도모하는 것도 주요 업무이다.

즉 감독이라고 하면 선수 지도와 승리를 위한 전술 운영에 국한되지만, 야구 감독은 경기뿐 아니라 선수단 내 모든 영역을 총괄해 계획하고 추진하는 포괄적 역할 때문에 감독이 아닌 매니저라고 불린다.

와인드업 포지션wind up position과 세트 포지션set position

투수는 두 가지 방법으로 투구한다. 주자가 없을 때는 동작이 큰 와인드업 포지션으로, 주자가 있는 상황에서는 간결한 세트 포지션(set position, 주자가 베이스에 있을 때 투수가 투수판 위에서 주자를 견제할 수 있고 타자에게 투구도 할 수 있는 자세)을 선택한다.

타자를 정면으로 바라보고 투구를 시작하는 와인드업 포지션은 투수판에서 내딤발(자유발)을 뺀 상태에서 키킹 동작으로 연결된다. 손을 머리 위로 올리는 투수가 있고 가슴에 모은 채 투구하는 투수도 있다. 와인드업 상황에서는 반드시 타자를 향해 투구해야 한다. 반면 세트 포지션은 투수판 위에서 주자를 견제할 수 있고 타자를 향해 투구할 수도 있는 자세이다.

축발은 와인드업 포지션과 마찬가지로 투수판에 붙어 있고 내딤발은 타자 쪽으로 향해 있다. 몸 전체가 정면이 아닌 측면으로 타자를 향하는 모습이다. 두 손은 몸통 앞에서 볼을 잡은 채 정지한 후 투구를 시작한다. 좌투수는 세트 포지션에서 1루 주자를 보면서 투구 동작에 들어갈 수 있다.

백도어 슬라이더_{Backdoor Slider}

'뒷문'이리는 뜻의 백도어는 야구에서 부수가 던진 공이 바깥쪽으로 가다가 홈 플레이트 가장자리로 휘어져 들어가는 변화구를 말한다. 여러 구종이 홈 플레이트에 걸쳐 들어올 수 있는데 그중 슬라이더가 가장 많이 언급된다. 우투수가 좌타자에게 백도어 슬라이더를 던지면, 타자 입장에서 공은 시선에서 먼 바깥으로 날아오다가 마지막 순간에 바깥쪽 스트라이크 존으로 걸쳐 들어온다.

우리에게 백도어 슬라이더는, 메이저리거 시절 김병현을 통해 알려지기 시작했다. BK 김병현은 바깥쪽 스트라이크존을 걸쳐 들어가는 그 구질로 빅리그 좌타자들을 삼진으로 돌려세웠다.

보크_{balk}

보크는 주자가 루에 있을 때 투수가 저지르는 불법적인 행위로 이 경우에는 모든 주자가 1개씩 진루할 수 있다. 투수가 보크 판정을 받는 경우는 크게 3가지이다. 첫째, 투수가 투구를 시작하다가 중간에 멈추는 경우이다. 이때 주자가 있는 상황이라면 그 주자는 다음 베이스로 진루할 수 있다. 보크는 기본적으로 타자나 주자에 대한 기만 행위가 그 판단 기준이 된다. 멈춤 동작은 타자의 타이밍을 빼앗는 행동으로 간주된다. 그런데 투구직전 멈춤 동작이 없는 경우도 보크에 해당된다. 너무 빠른 주자 견제를 막기 위함이다.

둘째, 투수판을 밟고 있던 투수가 공을 떨어뜨려도 보크이다. 프로야구에서는 거의 볼 수 없지만, 사회인 야구에서는 힘 빠진 투수가 저지를 수 있는 실수이다. 그리고 투수가 세트 포지션에서 주자를 보기 위해 곁눈

질하는 건 괜찮은데 이때 어깨가 흔들리면 보크이다. 세트 포지션에서 양손을 떼도 규정 위반이다. 그런데 투수판에서 축발을 떼면서 주자를 볼 때는 양손을 풀어야 하는데, 글러브 안에 공을 쥔 손이 그대로 있는 경우가 있다. 보기만 하고 견제구를 던질 의도가 없을 때 사회인 야구 투수가 흔히 범하는 실수 중 하나이다.

셋째, 주자가 없는 베이스로 견제구를 던지는 행동이다. 출루만 하면 2루 베이스를 향해 달리는 사회인 야구 특성상, 투수가 깜박하고 1루에 견제구를 던지거나 2루에 주자 없는데 견제구를 던지는 경우가 종종 있다. 거듭된 안타와 도루 허용으로 멘붕에 빠진 투수가 때때로 보여 주는 어이없는 보크이다. 주자 1루 상황에서 견제구를 던질 때 축발을 투수판에 대고 있는 상태에서는 반드시 견제구를 던져야 한다. 그리고 투수는 손가락 끝, 특히 중지 끝부분이 건조해지거나 하면 침을 바르곤 하는데, 침을 묻힌 뒤 곧바로 공을 만지는 것도 부정 행위로 간주된다. 이물질을 유니폼에 닦아 제거한 뒤 공을 잡아야 한다.

히트 앤드 런은 투수가 투구 동작에 들어가는 순간 주자가 다음 베이스를 향해 달리는 작전으로 이때 타자는 투수의 공을 반드시 쳐야 한다. 투수의 다음 공이 스트라이크가 될 확률이 높은 상황에서 나오는 작전이다. 더블 플레이를 방지하고 대량 득점으로 연결하기 위해 실행한다.

런 앤 히트에서는 주자가 다음 베이스를 향해 달리지만, 타자는 히트 앤드 런처럼 반드시 타격해야 할 필요는 없다. 주자는 도루를 염두에 두고 달리는 것이고 타자는 투수의 구질을 보고 타격을 결정하는 작전이다. 볼 카운트 3볼 1스트라이크에서 주로 나온다. 두 작전 모두 기본적으로 병살타를 방지하기 위한 목적을 가지고 있다.

닥터 K

투수가 타자를 삼진으로 잡을 때마다 외야석에 앉은 관중이 알파벳 K를 추가하는 모습을 볼 수 있다. 왜 스트라이크 아웃을 S(스트라이크)나 O(아웃)라고 하지 않고 K라고 표시할까. 그리고 탈삼진 전문 투수를 닥터 K라고 할까. 시초는 1861년에 야구 점수 시스템을 개발한 기자 헨리 채드윅이 사용하면서부터이다. 그는 스트라이크(strike)라는 글자에서 K가 가장 두드러져 보여서라고 설명했다. S를 쓰지 않은 이유는 희생타(sacrifice hit)와 앞 글자가 겹치기 때문이라는 설도 있다. 닥터 K는 삼진 전문가를 뜻한다. 한편 K를 뒤집어 붙이는 경우도 있는데 이는 스트라이크 낫아웃(strike out not out, 투수가 던진 세 번째 스트라이크를 포수가 받지 못해 타자가 삼진 아웃되어야 할 상황에서 되지 않은 경우)을 표시한다.

노 히트 노 런^{no hit no run}과 퍼펙트^{perfect}

노 히트 노 런은 무안타, 무득점 경기로 투수가 상대 타자에게 단 한 개의 안타나 점수를 내주지 않은 것이다. 볼 넷과 몸에 맞는 공 그리고 실책으로 주자를 내보내는 것은 예외이다. 볼 넷 등으로 타자가 출루해도 노 히트 노 런 기록은 깨지지 않는다.

퍼펙트는 말 그대로 완벽한 투구를 뜻한다. 노 히트 노 런과 달리 경기가 끝날 때까지 투수가 단 한 명의 타자도 출루시키지 않고 승리한 기록이다. 당연히 볼 넷과 몸에 맞는 공도 없다. 이닝당 3명씩 9이닝 동안 27명의 타자를 전원 깔끔하게 아웃시켜야 가능하다. 아직 한국 프로야구 1군에서는 퍼펙트 기록이 나오지 않았다. 프로야구 2군 경기에서는 롯데 자이언츠 투수 이용훈이 2011년 9월 17일 한화 이글스와의 경기에서 퍼펙트 게임을 달성한 게 유일하다.

빈볼bean ball

투수가 의도적으로 타자의 머리를 향해 투구하는 것이다. 콩을 뜻하는 빈(Bean)은 여기서 타자의 머리를 의미한다. 타자가 홈 플레이트에 근접하면 투수는 그만큼 던질 곳이 적어진다. 몸에 맞는 공을 허용할 가능성도 높아진다. 그래서 투수는 타자의 기를 죽이거나 뒤로 물러나게 하려고 빈볼을 던진다. 때로는 악감정이 쌓여 있는 타자를 향해 던지기도 한다. 이때의 빈볼은 상대를 살해할 수 있을 만큼 위협적이다. 돌덩이 같은 빈볼로 타자가 죽음에 이른 사례가 있다. 1920년 8월 16일, 클리블랜드의 레이 채프먼이 뉴욕 양키스의 투수 칼 메이스의 공에 머리를 맞았고 다음날인 17일에 두개골 골절로 사망했다.

한국 프로야구에서는 고의성 여부와 상관없이 투수의 공이 타자의 머리에 맞거나 스치면 곧바로 퇴장 조치된다.

사구四球, 사구死球, 사사구四死球

사구(四球)는 4구(볼 넷)를 뜻한다. 타자가 볼 넷을 골라 1루로 출루하는 것이다. 4구는 일본식 야구 용어로 영어로는 베이스온볼스(Base on balls)이다. 사구(死球)는 투수가 던진 공에 타자가 맞는 것이다. 직역해 데드볼(Dead ball)이라고 한다. 이 또한 일본식 조어로 원래 명칭은 히트 바이 피치트 볼(Hit by pitched ball)이다. 사사구(四死球)는 사구(四球)와 사구(死球)를 합친 것으로 Base on balls + Hit by pitched ball이다.

새크리파이스 번트Sacrifice bunt와 세이프티 번트Safty bunt

번트는 타구를 땅에 떨어뜨리면서 속도를 줄여 수비수들이 빨리 처리하지 못하게 하는 타격법이다. 새크리파이스(희생) 번트는 자신의 아웃을 각오하고 주자를 다음 베이스로 보내는 타격이다. 가장 일반적이며 주자의 진루를 목적으로 하는 번트의 기본 개념에 충실하다. 희생 번트는 희생타로 기록되고 타자의 경우 타수는 카운트되지 않는다.

세이프티 번트는 희생 번트와 반대이다. 타자 본인이 살아서 출루하기 위해 상대 수비의 허점을 공략해 시도하는 번트이다. 세이프티 번트는 방법에 따라 푸시 번트(Push bunt)와 드래그 번트(Drag bunt)로 나눈다. 푸시 번트는 수비수가 잡기 힘든 방향으로 공을 밀어서 굴리는 방식이고

드래그 번트는 주로 좌타자가 사용하는데 1루 혹은 3루 라인 쪽으로 속도를 줄여 공을 끌고 가듯이 하는 기술이다. 세이프티 번트는 주자의 진루가 아닌 타자의 생존이 목적이기에 자신이 아웃되고 주자를 진루시켜도 기록원이 '세이프티 번트'라고 판단할 경우 희생타로 기록되지 않고 타수로 기록된다.

수어사이드 스퀴즈suicide squeeze와 세이프티 스퀴즈safety squeeze

둘 다 점수를 쥐어짜는 스퀴즈 플레이다. 수어사이드 스퀴즈는 투수가 투구 동작에 들어가자마자 3루 주자가 홈을 향해 돌진하는 작전이다. 이때 타석의 타자는 무조건 번트를 대야 한다. 번트 타구의 방향과 속도에 따라 성공과 실패가 나뉜다. 반대로 세이프티 스퀴즈는 3루 주자가 번트 상황을 확인하고 홈으로 파고드는 것이다. 번트 타구의 질을 보고 3루 주자가 뛸지 말지를 결정한다. 단점은 3루 주자의 스타트가 늦어 홈에서 득점 확률이 그만큼 떨어지는 데 있다.

수어사이드와 세이프티 스퀴즈는 3루 주자를 홈으로 불러 들이는 게 목적이라 상대 수비가 눈치 채지 못하게 기습적으로 감행해야 성공 가능성이 높다. 1점 승부가 중요한 현대 야구에서 때때로 승부를 가르는 비수가 되기도 한다.

빅볼(롱볼)은 장타력이 좋은 선수들의 한 방으로 득점을 올리는 야구 스타일로, 개인 기량에 의존하는 미국식 야구를 의미한다. 마운드의 투수도 정면 승부를 펼치며 경기 진행이 빠르고 시원한 느낌을 준다. 스몰볼은 선수단 전체가 홈런 같은 장타 보다 번트와 도루, 희생타 등으로 득점을 올리는 조직적인 야구를 말한다. 일본 야구가 대표적인 스몰볼 스타일이다. 번트를 포함한 작전 구사가 많고 주루플레이를 중요하게 생각하는 세밀한 야구이다. 팀플레이를 극대화시킨 야구라고 보면 되는데 팀 내 빠른 선수와 작전 수행 능력이 우수한 선수가 많을 경우 적합하다.

한국 야구는 빅볼과 스몰볼이 융합된 토털 야구에 가깝다. 이전 WBC에서 드러났듯 파워를 바탕으로 빅볼을 구사하면서도 기동력을 살린 도루와 작전 야구로 좋은 성적을 거뒀다.

스위트 스폿 Sweet spot

홈런을 친 타자들은 이구동성으로 맞는 순간 넘어가는 걸 느꼈다고 말한다. 짜릿한 손맛을 느꼈다는 발언인데, 그 손맛은 통증이 아니다. 방망이의 스위트 스폿에 공이 맞으면 최소의 진동으로 최대의

비거리가 나온다. 진동이 적으면 타자의 손에 와 닿는 통증은 그만큼 적다. 또한 진동은 소리로 나타나는데 제대로 맞은 홈런 타구는 소리도 경쾌하다.

스위트 스폿은 물체에 가해지는 힘이 분산되지 않고 온전히 전달되는 부분으로 방망이 끝에서 약 15cm 아래 부분에 위치한다. 공을 칠 때 멀리 빠르게 날아가게 하는 최적 지점이라는 뜻의 스위트 스폿은 의미가 확장되어 경제 분야에서는 호황의 시기, 주식 투자에서는 가장 매력적인 투자처를 뜻한다.

일본식 야구 용어 알고 가기

한국에 야구가 최초로 알려진 지 100년이 넘었다. 한국 최초의 야구기자인 이길용 기자가 쓴 《조선야구사(1930)》에 따르면 '평양에서 집무하던 질레트가 학생들에게 야구를 가르친 게 한국 야구의 기원'이라고 되어 있다.

대학 시절에 축구와 야구팀 선수 경험이 있던 질레트는 미국인 선교사로 1901년 한국에 건너왔다. 이 땅에 최초로 야구를 전파한 그는 교인들과 캐치볼을 즐겼고 주변 숭실학교 학생들에게 야구를 가르치게 되었는데 그것이 한국 야구의 시초라고 할 수 있다. 그리고 질레트의 요청으로 1905년에 배트와 글러브 등 야구 장비가 들어오며 본격적인 야구가 시작되었다. 이듬해인 1906년에는 한국 최초의 야구 경기로 기록된 황성 YMCA와 덕어학교의 경기가 열리기도 했다.

100년이 넘는 기간 동안 야구는 한국 최고의 인기 스포츠로 성장했다. 프로야구도 성인의 나이인 30년이 넘으며 저변이 더욱 확대되고 있다. 그런데 미국 선교사에 의해 야구가 전해졌지만, 한국 야구에는 일본식 야구 용어가 판을 쳤다. 시대적 아픔에 의한 결과였다. 일본식 야구 용어를 여과 없이 무분별하게 받아들인 잘못도 컸다. 최근까지 야구 용어를 정화하기 위해 노력하면서 많은 부분이 교체되고 있으나 여전히 일본식 야구 용어는 남아 있다.

대표적인 일본 야구 용어가 데드볼과 볼 넷이다. 사회인리그 야구장에서도 데드볼과 볼 넷이라는 말은 자연스럽게 사용된다. 방송에서도 얼마 전까지 거부감 없이 사용된 단어들이라서 그럴까. 데드볼과 볼 넷에 비해 히트바이피치트볼이나 포볼은 입에서 조금 어색하다.

프로야구 현장의 지도자들도 일본식 조어에 익숙해져 있다. 데드볼과 볼 넷뿐 아니라 백홈, 그라운드 홈런, 인코스 등을 쓰거나 때로는 갸쿠(역동작이나 역회전)처럼 일본어를 그냥 쓰기도 한다. 일본식 발음에도 익숙해져 있는데 슬라이더를 스라이다, 커브를 카부, 오버스로를 오바스로라고 발음하는 이도 있다.

일본식 야구 용어의 특징은 데드볼과 같은 신조어와 함께 말의 앞뒤가 바뀌거나 짧아지는 데 있다. 스틸링 홈(스틸 오브 홈)을 홈스틸이라고 하고 커버링 어 베이스는 베이스 커버로 만들었다. 그리고 헤드퍼스트 슬라이딩을 줄여 헤드슬라이딩으로 표현한게 일본식 영어이다.

일본식-미국식 야구 용어

일본 야구 용어	미국 야구 용어	의미
데드볼(Dead ball)	히트 바이 피치트 볼 (Hit by pitched ball)	투수가 던진 공에 타석의 타자가 맞는 것
포볼(Four ball)	베이스 온 볼스(Base on balls)	볼 넷으로 출루
온 더 베이스(On the base) 터치업(Touch up)	태그업(Tag up)	다음 베이스를 향해 진루하기 전에 점유하고 있던 베이스를 되밟는 것
홈 인(Home in)	런 인(Run in)	홈 플레이트를 밟아 득점하는 것
백넘버(Back number)	유니폼 넘버(Uniform number)	배번(등 번호)
코너워크(Corner work)	로케이션(Location)	투수가 제구를 통해 스트라이크 존 상하좌우를 고루 이용하는 것
인코스(In course)	인사이드(Inside)	타자 몸 쪽으로 제구된 공
아웃코스(Out course)	아웃사이드(Out side), 어웨이(Away)	타자 바깥쪽으로 제구된 공
베이스 커버(Base cover)	커버 어 베이스 (Cover a base)	비어 있는 베이스에 다른 야수가 들어가 수비하는 것
백홈(Back home)	스로 투 더 플레이트 (Throw to the plate)	홈 송구
이지 플라이(Easy fly)	루틴 플라이(Routine fly)	평범한 뜬공
직구(直球)	패스트볼(Fast ball)	포심이나 투심처럼 빠른 공

일본 야구 용어	미국 야구 용어	의미
삼진(三振)	스트라이크 아웃 (Three strike out)	스트라이크 아웃
사이클링 히트(Cycling hit)	히트 포 더 사이클 (Hit for the cycle) 올마이티 히트(Almighty hit)	한 경기에서 한 선수가 1루타, 2루타, 3루타, 홈런을 모두 치는 것
러닝홈런 (Running homerun) 그라운드 홈런 (Groud homerun)	인사이드 더 파크홈런 (Inside the park homerun)	장내 홈런
키스톤 플레이 (Keystone play)	키스톤 콤비네이션 (Keystone combination)	2루를 놓고 2루수와 유격수가 손발을 맞추는 플레이
랑데부 홈런 (Rendezvous homerun)	백투백 홈런 (Back to back homerun)	한 경기에서 두 타자가 연속으로 홈런을 치는 것
라이너(Liner)	라인 드라이브(Line drive)	빠른 직선타
버스터(Buster)	페이크번트앤슬래시 (Fake bunt and slash)	위장 번트로 번트 자세를 취했다가 타격하는 것
헤드 슬라이딩 (Head sliding)	헤드 퍼스트 슬라이딩 (Head first sliding)	다리가 아닌 머리 쪽부터 베이스를 향해 미끄러져 들어가는 것
홈스틸(Home steal)	스틸링 홈(Stealing home) 스틸 오브 홈(Steal of Home)	도루로 홈을 훔치는 상황
퀵모션(Quick motion)	슬라이드 스텝(Slide step)	주자가 있는 상황에서 투수가 투구 동작을 짧고 빠르게 가져가는 것

말은 살아 있는 생물과 같아 변하기 마련이다. 야구 역시 계속 발전하며 새로운 용어가 탄생하고 있다. 그래서 원래 있던 야구 용어를 제치고 일본에서 만들어진 야구 용어가 미국에서 사용되기도 한다. 즉 일본식 야구 용어를 무조건 배척하자는 것은 아니다. 단 무분별하게 사용해선 안된다는 의미이다.

살짝 짚고 넘어가는
야구 상식

홈과 원정 유니폼 색깔이 다른 이유는?

메이저리그 초창기에는 홈팀과 원정팀 모두 흰색 유니폼을 입고 야구를 했다. 그런데 홈팀과 달리 원정팀 선수들은 경기 후 빨래하기가 쉽지 않았다. 당시는 지금처럼 자동화된 세탁기가 없었고 그렇다고 선수들이 경기 후 지친 상태에서 매번 직접 빨아 입기도 힘들었을 터.

그러다 보니 원정팀 선수들은 흙이 묻더라도 잘 티가 나지 않는 염색된 유니폼을 입게 되었다. 그때부터 전통으로 내려온 그 부분이 지금은 아예, 같은 팀 선수는 같은 색깔과 형태, 디자인의 유니폼을 입어야 하며 각 팀은 홈경기와 원정경기용 유색 유니폼의 두 가지를 준비해야 한다고 규정에 명시되었다.

야구 감독은 왜 유니폼을 입을까?

축구 감독은 경기 중 유니폼을 입지 않는다. 대부분 정장이고 간혹 운동복을 입고 있기도 하다. 농구의 경우 감독과 코칭스태프 모두 정장 차림이다.

축구나 농구와 달리 야구 감독이 유니폼을 입는 가장 큰 이유는 그라운드에 들어가기 때문이다. 투수 교체를 하러 마운드에 올라가기도 하고 심판진에 어필하러 홈 플레이트로 돌진하기도 한다. 때로는 타격을 준비하는 타자에게 다가가 귓속말로 조언하기도 한다. 그에 비해 다른 종목의 감독은 그라운드나 코트에 들어가지 않는다.

야구 감독이 유니폼을 입는 또 다른 이유는 바로 메이저리그 초창기 감

독이 선수를 역임했다는 것이다. 당연히 유니폼을 입을 수밖에. 그리고 그 전통이 지금까지 이어져 오고 있다.

축구는 범세계적 스포츠인데 야구는 왜 그렇지 않을까?

미국 메이저리그 챔피언시리즈는 월드시리즈라고 명명되어 있다. 그러나 축구를 즐기는 나라에서는 약간 어이없다는 반응이다. 왜냐하면 축구야말로 전세계적으로 보편화된 스포츠이기 때문이다. FIFA 회원국 수는 무려 200개가 넘는다.

반면 야구는 메이저리그가 있는 미국을 중심으로 캐나다와 중남미 국가들에 인기가 높다. 아시아권에서는 일본, 한국, 대만에 프로 리그가 있다. 그리고 이탈리아, 네덜란드 등 유럽 국가와 호주, 중국에서도 인기가 상승 중이다. 국제야구연맹 회원 국가는 100곳이 넘는다. 하지만 실제 축구를 하는 국가에 비하면 매우 적은 나라에서 야구를 즐기고 있다고 볼 수 있다.

야구가 축구에 비해 저변이 넓지 못한 건 상대적으로 장비가 많이 필요하다는 단점 때문이다. 축구는 운동장에 축구공만 있으면 되는데 야구는 글러브와 방망이에 포수 장비 등 꼭 필요한 장비가 여럿 있다. 경기 규칙도 축구에 비해 상당히 복잡하다. 또한 축구는 유럽이 강성했던 19세기부터 세계적으로 퍼져 나갔지만, 야구는 미국에서 자리 잡은 20세기 이후 전파되다 보니 세계화가 늦어진 것이다.

자본주의는 미국에서 꽃을 피웠다. 야구가 인기 스포츠로 자리 잡은 이유는 자본주의의 꽃인 광고와 밀접한 관계가 있다. 축구는 전·후반 사이의 하프타임이 전부이다. 비록 그 시간이 길기는 하지만 광고 몰입도가 떨어진다. 반면 야구는 9회까지 매 이닝 교체마다 광고가 가능하다. 투수 교체 때도 광고가 비집고 들어온다. 농구와 미식축구가 미국에서 인기 있는 점도 궤를 같이 한다. 또한 야구는 이동일 하루만 빼고 매일같이 경기가 펼쳐지는 점도 광고계 입장에서는 매력적일 수밖에 없다.

하지만 영원한 것은 없는 법이다. 미국 내에서도 축구 인기는 꾸준히 늘고 있다. 앞으로 100년 후 상황은 글쎄, 퀘스천마크다.

우투좌타가 유리한 이유는?

일본인 메이저리거 스즈키 이치로는 빅리그 데뷔 첫 해였던 2001년 시즌에 아메리칸 리그 타격왕, 도루왕, 최다안타를 휩쓸며 신인왕과 최우수 선수에 선정됐다. 매년 골든글러브를 차지하며 명성을 떨친 그는 2004년 262안타로 조지 시슬러의 단일 시즌 최다안타 기록(257 안타)을 84년 만에 갈아치우는 등 4년 연속 200안타 기록을 달성했다. 빅리그에서 7회에 걸쳐 최다안타를 기록하고 10년 연속 200안타를 작성한 그는 지난해 미일통산 4,000안타를 기록하는 등 안타 제조기의 이름을 날렸다.

이치로는 대표적인 우투좌타 선수이다. 우투좌타가 우투우타 보다 안타 생산에 유리한 이유는 타격을 하고 나서 우타자에 비해 1루 베이스에 적어도 한 발 이상 가깝기 때문이다. 간발의 차이라면 1루에서 세이프될 가능성이 더 높다. 또한 우타자는 타격 후 3루 쪽으로 돌아간 몸을 되돌리면서 1루로 향해야 한다. 그러나 좌타자는 타격 후 자연스럽게 1루 쪽으로 몸이 움직이는 장점이 있다. 이치로가 내야 땅볼을 치고 1루에서 세

이프되는 경우가 많았던 건 빠른 발과 함께 우투좌타라는 점이 이점으로
분명 작용했다.

한국 프로야구에서 좌완이 없는 포지션은 포수

포수의 주된 임무 중에 하나는 2루 송구이다. 그런데 왼손
잡이 포수라면 공을 던질 때 우타자 몸이 방해가 된다. 좌타자 보다 우타
자가 상대적으로 더 많기에 불편함도 크다. 또한 2루가 아닌 3루에 던지
려면 더 힘들다.

그렇다고 왼손 포수가 없지는 않았다. 19세기 후반 필라델피아의 잭 클
레멘츠는 주전포수로 나와 1,073경기를 소화했다. 최근엔 1992년까지
휴스턴과 피츠버그에서 뛴 베니 디스테파노가 있었다.

투수가 강속구와 컨트롤 중에 하나를 고른다면?

100명의 투수에게 물어보면 대부분 강속구 보다 컨트롤을
선택할 것이다. 아무리 빠른 공도 한가운데로 몰리면 맞게 되어 있다. 그
리고 제구가 되지 않은 강속구 투수는 볼 넷을 남발하며 스스로 무너진
다. 컨트롤이 좋은 투수는 구속은 빠르지 않아도 면도날 같은 제구력으
로 타자를 공략할 수 있다. 스트라이크 존 구석을 넓게 이용할 수 있고 때
로는 조금씩 빠지는 공으로 타자를 요리할 수 있다. 많은 사람이 강속구
투수는 타고 나지만, 제구는 노력하면 된다고 생각하는데 그 반대이다.
'투수명인' 김시진 감독은 "몸을 단련하면 130km대 투수가 140km대 후
반까지 구속을 끌어올릴 수 있다. 하지만 제구가 나쁜 투수는 노력해도
한계가 있다."고 설파했다. 이유는 "심장의 차이"라고 했다. 제구력이 좋
은 투수는 타자의 몸 쪽으로 과감하게 던질 수 있고 위기 상황에서도 흔
들리지 않고 던져야 할 곳에 던지는데 그 바탕이 '강심장'이라는 것이다.
컨트롤의 마법사로 불린 그렉 매덕스의 최고 구속이 140km대 초반에 불
과했다는 점에서 제구의 중요성을 다시 한 번 알 수 있다.

투구

자신의 몸에 가장 적합하고 안정적인 폼을 만들어야 한다. 일정한 릴리스 포인트를 만드는 게 중요하다. 키킹을 높게 하고 스트라이드(stride, 투수가 투구할 때 다리 벌리는 동작과 그 길이)를 할 때 최대한 다리를 벌려 주면 그만큼 강한 공을 던질 수 있다. 단 동작이 커질수록 제구가 안되기 때문에 구속과 제구 사이의 적절한 밸런스를 찾아야 한다. 릴리스 포인트를 거쳐 팔로우 스루할 때는 몸의 중심이 확실하게 타자 쪽으로 향해야 한다. 그러면 투구 후 뒷발(축발)이 앞발 앞으로 자연스럽게 넘어온다. 사회인 야구에서는 뒷발이 넘어오지 못하고 어정쩡한 모습을 보이는 투수가 있는데 이는 하체를 쓰지 못하고 팔 회전으로만 던지는 경우이다. 팔로우 스루는 자신의 무릎 부분까지 내려올 수 있게 확실하게 마무리한다.

전체적인 밸런스가 맞아 투구 동작에 힘이 실리면, 뒷발은 공을 놓는 릴리스 포인트 부근까지 힘차게 올라간다. 그리고 투구는 타자와의 싸움이다. 던지기 전에 타자를 노려보며 이길 수 있다는 자신감을 먼저 가져야 한다. 또 기합과 심호흡은 긴장감으로 경직된 몸을 이완시켜 준다.

구질

악력이 좋은 투수가 강한 공을 던진다. 빠른 공을 던질 때는 실밥을 잡고 있는 손가락 끝으로 확실하게 공을 잡아채 준다. 선수들은 이때 긁어 준다는 표현을 쓴다. 하체부터 어깨를 거쳐 운동 에너지가 마지막에 집중되는 곳이 손가락 끝이다. 그리고 검지와 중지를 모아 던질 수록 구속은 빨라진다. 변화구는 같은 그립을 잡아도 사람마다 다른 궤적을 그린다. 다양한 방식으로 많이 던져 보면서 자신에게 맞는 변화구를 찾아내야 한다.

견제

견제의 목적은 주자를 아웃시키는 게 아니다. 주자를 베이스에 가까이 묶어 두는 것이 목적이다. 사회인 야구에서도 견제사를 시키겠다는 욕심 보다는 추가 진루를 허용하지 않겠다고 생각하는 것이 바람직하다. 욕심을 내면 견제구가 제대로 제구되지 않아 수비수가 놓칠 수 있다. 물론 주자의 리드를 보고 있는 포수와 호흡을 잘 맞춘 뒤 야수에게 정확히 던지면 주자를 아웃시킬 수 있다.

투수의 1루 백업

투수도 공을 던지고 나면 수비수이다. 타자가 친 타구가 자신의 좌측으로 날아갔을 때는 무조건 1루 백업을 준비해야 한다. 1루수가 타구를 처리하러 베이스를 비울 수 있고 다른 야수의 송구를 1루수가 놓칠 수 있기 때문이다. 이때 투수가 뒤에서 빠진 공을 받아줘야 한다. 투수의 1루 백업은 프로야구에게는 기본 중의 기본이지만, 사회인 야구의 투수는 등한시하는 경향이 있다. 공 하나가 빠지면서 나타나는 결과에 대해 심각하게 생각하지 않기 때문이다. 힘도 들고 말이다.

타격

프로야구의 우수한 타자들은 한목소리로 타석에서 힘만 빼고 쳐도 좋은 타율을 유지할 수 있다고 말한다. 그 말은 반대로 힘을 빼고 치는 게 그만큼 어렵다는 뜻이기도 하다. 몸 전체가 경직되어 있다거나 방망이를 너무 세게 잡고 있으면 부드러운 스윙을 할 수 없다.

빠른 타격을 위해서는 힘을 잔뜩 주고 방망이를 휘두르는 것보다 팔꿈치를 몸통에 붙인 채 빨리 회전하는 게 바람직하다. 팔과 몸통이 떨어지면 스윙이 퍼져 나온다.

그리고 공을 가능한 오래 보고 쳐야 한다. 눈이 흔들려서도 안 된다. 그래야 정확하게 방망이로 칠 수 있다. 공을 오래 보는 비결은 타격 순간까지 고개를 살짝 숙여 공에서 시선을 떼지 않는 것이다. 야구의 타격은 권투의 타격과 일맥상통한다. 권투를 할 때 팔을 크게 휘두르면 정확도가 떨어지고 속도도 느려진다. 힘이 실린 간결한 스윙에 파괴력이 있다.

하체의 움직임도 마찬가지이다. 뒷발이 회전하며 앞발로 무게 중심이 옮겨가면서 그 힘이 허리와 팔로 전달된다. 타격할 때도 힘의 전달이 중요하다.

심리적으로 타석의 타자는 마운드의 투수를 상대로 칠 수 있다는 자신감이 필요하다. 자신감이 결여되면 몸은 제 기량을 발휘하지 못한다. 또 다른 팁은 타격할 때 방망이로 타격한다고 생각하지 말고 방망이를 잡고 있는 손으로 공을 때린다고 상상해 보는 것이다. 방망이 손잡이의 끝 부분으로 공을 친다고 생각해도 좋다. 모두 타격의 정확도를 높이기 위한 방법이다. 캐치볼을 할 때 공을 끝까지 보고 포구하는 것처럼 타격도 가능한 끝까지 보고 휘둘러야 정타가 나온다.

투구 폼과 구종

투수가 던지는 표정과 폼을 자세히 관찰하면 구종을 짐작할 수 있다. 사회인 야구에서 구종은 대개 두 가지이다. 빠른 공과 느린 공(변화구). 빠른 공을 던질 때는 투구 동작이 크다. 투수는 이를 앙다물고 던지며 얼굴이 일그러진다. 신음소리가 새어나오기도 한다. 변화구를 던질 때는 동작이 작고 부드럽다. 글러브도 느슨하게 잡는다. 힘을 빼고 던지는 경우가 많아 표정이 크게 일그러지지 않는다. 대신 입을 앞으로 삐

죽거리거나 벌리는 변화가 있다. 투수가 공을 던질 때 입을 벌리는 정도에 따라 변화구의 강약을 파악할 수도 있는데 입을 크게 벌릴수록 더 느린 변화구가 들어오는 식이다. 주의할 점은 투수의 입만 보고 있다가는 타석에서 타격 타이밍을 놓칠 수 있다는 것이다.

포수

사회인 야구에서 포수의 가장 큰 임무는 제구가 좋지 않는 투수의 공을 블로킹하는 것과 상대 타자를 교란시키는 것이라고 생각한다. "직구 좋다. 직구 하나 더"라고 외치며 커브를 요구해 상대를 헷갈리게 하는 두뇌 싸움이 필요하다. 그리고 안방마님인 포수가 투수를 편안하게 해 주면 마운드의 투수는 더 힘을 낸다. 포수가 보내는 믿음과 신뢰는 투수를 업그레이드시킨다. 포수와 투수는 보이지 않는 끈으로 연결되어 있다.

수비

뜬공을 잡을 때는 낙하 지점을 잘 파악해야 한다. 외야 수비 시 모자챙을 기준으로 타구가 모자챙 안쪽으로 날아오면 낙하지점이 생각보다 더 멀리 뻗어간다. 반대로 타구가 모자챙 위로 사라지면 타구가 수비하는 곳보다 앞에서 떨어질 수 있다. 이를 100% 적용할 수는 없지만, 타구가 낮게 날아오면 비거리가 그만큼 늘어가는 것이고 타구가 높게 뜨면 그만큼 비거리가 짧아진다는 의미이다.

땅볼을 잡을 때는 알까기에 주의해야 한다. 글러브 밑으로 빠져나간 타구는 걸림돌 없이 두 다리 사이로 쏙 빠져나가기 일쑤이다. 타구를 발 앞에서 처리하는 게 안전하다. 땅볼 처리의 기본은 타구에서 눈을 끝까지 떼지 않는 것이다. 조금 빠른 땅볼은 무의식적인 두려움 때문에 고개를 돌리게 되지만. 어쨌든 시선을 떼지 않고 글러브의 높이를 조정해 잡아내야 알까기를 방지할 수 있다.

유격수가 2루 송구할 때는 공을 정확하게 잡은 뒤 글러브를 가슴 쪽으로 끌어당긴다. 그리고 왼발을 오픈시키며 상체를 2루 베이스 쪽으로 향하게 한다. 송구할 때는 강하게 던진다는 생각보다는 토스하는 식으로 던진다. 공은 달리는 주자보다 언제나 더 빠르다. 서두르지 말고 정확히 던지는 데 주력해야 한다.

슬라이딩

다리가 먼저 들어가는 벤트레그슬라이딩을 하는 경우, 베이스 4m 전방에서 슬라이딩을 시도한다. 한쪽 발은 뒤꿈치가 땅에 닿지 않게 살짝 든다. 다른 쪽 발은 확실하게 접어 슬라이딩한다. 접혀 있는 뒤쪽 다리의 엉덩이와 허벅지로 미끄러져 들어가야 한다. 접은 뒷발의 무릎과 발목이 꺾이지 않게 주의한다. 베이스를 향하는 앞발의 발목도 돌아가거나 꺾이지 않게 주의한다. 발이 베이스에 닿으면 슬라이딩한 탄력을 이용해 일어난다. 이는 상대 수비수가 공을 놓치면 다음 베이스로 달릴 준비를 하는 것이다.